El Corazón de China

Cómo la conciencia plena
cambió mi vida

Todd Cornell

Traducido por David Ortega

"La Serie: El Corazón de China," lecturas para Creadores de Paz

Cultur668 Publishing

Cultur668 Publishing es una entidad subsidiaria de Cultur668 LLC
www.HeartOfChina.net

Derechos de autor © 2024 Todd Cornell Todos los derechos reservados.
ISBN: 978-1-7321804-4-4 - DIGITAL
ISBN: 978-1-7321804-3-7 - PRINT

Para Phil, mi querido amigo. Un hombre hermoso, un alma maravillosa, simplemente buscando el sentido y la felicidad en un mundo complejo.

El Autor

Por más de 20 años, Todd Cornell ha residido, estudiado y trabajado en Taiwán, Hong Kong y la China Continental. Él habla y lee con fluidez el Chino mandarín. Durante su carrera de negocios, trabajó para múltiples corporaciones globales en puestos de gestión transculturales.

Los idiomas y culturas de China le han fascinado. Lee el Dao (Tao), Yi Jing – El Libro de las mutaciones y otras filosofías orientales y textos Budistas en Chino y practica la meditación *Anapanasati* basada en las enseñanzas de 空海法師 el venerable Kong Hai, un monje Taiwanés.

Poco después de su llegada a Asia, no tardó en olvidar las historias esas que decían que aquellos que no seguían ciertas creencias eran condenados. Para él, esto ya no era una opción.

La Editora

Andrea Lantican, una mujer de muchas facetas, abordando proyectos de edición de textos, poesía, periodismo, publicación de revistas y muchas áreas en el espectro de las artes y el diseño creativo. Amante del arte y apasionada de la filantropía.

Prefacio

La conciencia plena se ha convertido rápidamente en un término de moda. Hoy por hoy, lo utilizamos en un sinfín de entornos para significar elementos que se ajustan al contexto de la conversación. Sin embargo, la conciencia plena es un estilo de vida. No es una palabra que debamos utilizar para reemplazar frases como "prestar atención" o "tener cuidado". La conciencia plena depende de prestar atención, pero la manera en que lo hacemos no es la misma que se podría suponer. Se trata de un enfoque más atento para notar las experiencias internas, por así decirlo. Funciona en conjunto con la respiración.

La mejor manera para tener éxito en la práctica de la conciencia plena es comprometerse y mantenerse firme. Posteriormente, conectar con amigos y familiares que te proporcionen apoyo. Rodearte de aquellos que tengan intereses constructivos y hábitos similares es una buena manera de construir una red de apoyo estable durante los desafíos. Únete a grupos de meditación y practica a diario, incluso si es solo cinco minutos. No rompas la constancia. Una de las cosas más importantes que debes hacer para desarrollar una práctica de la conciencia plena exitosa, durante y fuera de la meditación, es la persistencia. ¡Sé persistente ante los diálogos internos críticos y las sospechas!

Para que la práctica de la conciencia plena tenga éxito, me baso en una conexión firme en la meditación. Es el campo de entrenamiento de la conciencia plena. A medida que nos hacemos más adeptos al ejercicio, aprendemos a prevalecer con la práctica.

Durante la meditación, primero entrenamos a la mente para que se concentre en la respiración y vuelva a ella con un empujón mental cuando se desvíe. Observamos emociones y reacciones en torno a una variedad de pensamientos, recuerdos y sentimientos. Nos damos cuenta de los pensamientos aleatorios que surgen de las profundidades de nuestra mente, que afloran sin razón aparente, pero que no representan lo que somos. Al hacer esto, nos damos cuenta de que los recuerdos y los sentimientos son impotentes contra nosotros mientras nos sentamos en silencio, notando que los miedos no traen a la existencia lo que se teme. Encontramos la paz mental al aprender a mantener la mente en paz a través de la conciencia plena. Te invito a unirte a las muchas personas que, a través de las eras, encontraron la paz de la conciencia y la plenitud del corazón a través de la práctica de la conciencia plena.

La conciencia plena es una herramienta intangible que puede ser practicada y aplicada en cualquier momento, en cualquier lugar. Dondequiera que tengas acceso a tu respiración, tendrás acceso a la práctica de la conciencia plena. Durante comunicaciones estresantes, relaciones difíciles, retos de la vida, la escuela o los negocios, la conciencia plena es un momento de paz. Es un lugar para encontrar la calma en medio de los desafíos acelerados, superficiales y a flor de piel con los que debemos lidiar constantemente. A través de la conciencia plena, nos damos cuenta de que las distracciones mentales no son la realidad. Sólo encontramos la realidad en el momento de la respiración y en las sensaciones del cuerpo.

Algo de esto podría transmitirte un mensaje. Es posible que ya tengas cierta sensación en lo más profundo de tu psique, o quizás te cueste encontrarle sentido. Sólo tienes que saber que esta práctica ha perdurado durante milenios y se ha demostrado que mejora la vida. Es difícil, pero cualquier cosa de valor lo será. Desarrollar una práctica de conciencia plena requiere dedicación y resiliencia.

Sólo "Yo" hago que fracase. Sólo "Yo" hago que tenga éxito.

Todd Cornell

Fort Collins, CO September 2021

Sugerencias para leer este libro

Este libro incluye actividades en la mayoría de sus capítulos. Para obtener los mejores resultados, sugiero que practiques las actividades en cada capítulo durante una semana antes de avanzar al siguiente capítulo. De esta manera, establecerás una base firme para la práctica en el siguiente capítulo. Sin embargo, puedes leer el libro completo de principio a fin y luego volver para completar las actividades — repito, invirtiendo una semana en cada actividad antes de pasar a la siguiente.

Es importante realizar las actividades, sobre todo si eres nuevo en la conciencia plena. Al sentirte cómodo con las actividades individuales a lo largo de una semana, podrías experimentar resultados más rápidamente.

Todos tenemos nuestras ideas sobre la vida. Muchas veces, nuestros hábitos apoyan estas ideas. Al leer este libro, presta atención a los pensamientos y reacciones que surgen de ti. Es posible que intenten contradecir o desvirtuar los conceptos y prácticas introducidos. Mantén la mente abierta, deja a un lado lo que ya has entendido y considera nuevas perspectivas. Sé completamente honesto contigo mismo y no saques conclusiones habituales sobre la vida. Hay muchas cosas de las que nunca sabremos mucho en nuestro breve tiempo de vida. Sin embargo, las lecciones que nos dejaron los que nos precedieron nos ofrecen una visión y un camino para encontrar la paz mental y desarrollar un corazón compasivo en medio de la competencia feroz.

Elección de la Editora

La Elección de la Editora es la frase o idea favorita seleccionada por Andrea durante el proceso de edición.

Elección del Traductor

La Elección del Traductor es la frase o idea favorita seleccionada por David durante el proceso de traducción.

Descargo de responsabilidad

Aplica la información proporcionada en este libro solo cuando no te cause daños o a aquellos a tu alrededor. Nunca practiques la meditación mientras conduces o manejas equipos mecánicos o herramientas. Consulta con un profesional médico si tienes alguna duda sobre la seguridad de practicar cualquier cosa de este libro

Un porcentaje de la compra de este libro se dona a una organización sin ánimo de lucro basada en la conciencia plena.

Gracias

Índice

Agradecimientos 12

Capítulo 1. ¿Por qué la Conciencia Plena? 15

Capítulo 2. Comienza con La Respiración 23

Capítulo 3. La verdadera relajación 29

Capítulo 4. Cuidando La Respiración 41

Capítulo 5. La Concentración es más que concentrarse 51

Capítulo 6. Productividad Consciente 59

Capítulo 7. La Conciencia Plena y El Cuerpo 67

Capítulo 8. La sabiduría del cambio 83

Capítulo 9. El yin-yang de la aceptación 97

Llevando la Conciencia Plena contigo 111

Glosario 118

Agradecimientos

Me gustaría agradecer a mi maestro 空海法师 el venerable Kong Hai. Me enseñó las habilidades profundas y cambia vidas de centrarse en la respiración y experimentar el momento presente.

Mi madre, que siempre respetó mis decisiones, nunca juzgó mis fracasos, y siempre alabó mis éxitos.

Y Rascal (2006 – 2019), mi Laika de Siberia Occidental, que viajó conmigo desde Harbin, China, hasta los Estados Unidos. ¡Aprendemos mucho sobre la vida y el amor de nuestros hermanos y hermanas de cuatro patas!

*La mente es muy difícil de percibir,
extremadamente sutil, y vuela tras sus fantasías;
El sabio la controla,
Una mente controlada lleva a la felicidad.
—Dhammapada 36*

¿Por qué la Conciencia Plena?

"Si quieres vencer la ansiedad de la vida, vive el momento, vive la respiración." — Amit Ray

Entonces ¿Qué es la conciencia plena? Esta es una pregunta que muchos quizá se han hecho y para la que posiblemente no han obtenido una respuesta definitiva. Básicamente, todo el mundo aborda la conciencia plena de la misma manera, pero la experiencia no es la misma. La historia y experiencia de una persona puede no coincidir con la de otra.

En el primer capítulo de "*Dao De Jing (Tao Te Ching)*," de Laozi (Lao Tzu), un clásico filosófico chino que ofrece una visión de las verdades universales de la naturaleza y la existencia, dice, "El Dao del que se puede hablar no es el ciclo universal. El nombre que puede ser pronunciado, no describe la cosa nombrada."[1] Este precepto expresa la idea de que lo verdadero y lo real no se expresan fácilmente con palabras.

Muchas veces las palabras pueden ser confusas pero la experiencia directa la comprendemos con facilidad. La experiencia es

---
1 Parafraseado por el autor.

tangible. Sin embargo, estamos tan estrechamente ligados a las palabras que olvidamos que la experiencia es lo más importante. A veces, en los casos más extremos, los pensamientos y las palabras pueden modificar la auténtica experiencia.

Cuando describimos las experiencias auténticas con palabras, éstas evocan respuestas diversas con diferentes individuos, ya que cada persona tiene su propia interpretación de las palabras que se manifiestan de las diferentes experiencias. En nuestra mente, para mantener nuestras ilusiones, podemos aplicar palabras que no son fieles a la experiencia auténtica con el fin de modificar el recuerdo para que sea como deseamos.

Para obtener el mayor beneficio de las prácticas, es importante que seamos honestos con nuestros pensamientos y experiencias para mantenerlos tan puros como sea posible. Esto puede requerirnos ver cosas de nosotros mismos que hemos estado evitando ver.

La conciencia plena es una experiencia común, una práctica compartida, y, aun así, se vive individualmente. De cualquier manera, cuando se practica con resolución, los resultados son los mismos: mayor calma, claridad, compasión y productividad. Estos son los resultados positivos de aplicar la conciencia plena. Nos ayudan en nuestra rutina diaria, incluso durante las tareas mundanas.

La atención plena es una expresión individual de habilidades basada en una práctica diaria de meditación, que se fundamenta en una conciencia íntima de la respiración.

Cuando centramos nuestra atención en la respiración, experimentamos una claridad serena que no está presente cuando dejamos que la mente se mueva por su propia voluntad. Al igual que el Firulais, si no le pones una correa a la mente, puede escaparse y meternos en problemas. La correa es la respiración. Si mantenemos una conciencia constante de la respiración, nos daremos cuenta de las actividades sutiles de la mente y responderemos haciendo los ajustes necesarios para devolver la conciencia a la respiración.

Meditación

Las palabras más conocidas que se corresponden con la idea de meditación son concentración, pensamiento profundo, introspección, ponderación, reflexión, cavilación y autoexamen. Una de las formas budistas más antiguas de meditación de conciencia plena, *Anapanasati*, proviene de registros escritos que datan de hace más de 2500 años. Tras la muerte del Buda Gautama, éstas fueron conservadas íntimamente por sus seguidores y familiares. Esta es la forma de meditación que Gautama practicó para alcanzar la iluminación y que posteriormente enseñó a sus seguidores. No hay cualidades religiosas o supersticiosas en la meditación budista primitiva. De hecho, es todo lo contrario. Es una práctica que nos guía para basarnos en la realidad y aflojar el control de la mente inferior.

Sin embargo, la conciencia plena es más que la meditación. Es una conciencia totalmente desarrollada basada en las habilidades que cultivamos a través de la meditación. Tal y como enseñó Buda, es una práctica basada en la conciencia de la respiración, establecida individualmente a través de una relación con cada inhalación y exhalación de la respiración.

Simplemente llegamos a comprender la inhalación y la exhalación. Sentimos la sensación de la respiración alrededor de nuestras fosas nasales o de la punta de la nariz. Nos damos cuenta de las pausas y de las muchas características que tiene cada respiración. Al igual que una flor, cada respiración es un individuo digno de atención y de aprecio. Mientras lees esto, reflexiona sobre tu respiración. Si notas algunas de las sutilezas mencionadas anteriormente, tienes una propensión a la sensibilidad y a la introspección. Esta es una gran base para avanzar en tu práctica.

Todos podemos mejorar nuestra relación con la respiración y reforzar nuestras capacidades para notar las sutiles características de cada una. Al hacerlo, notamos mejoras en nuestra concentración, calidad de trabajo y relaciones.

La práctica de la conciencia plena nos ofrece un margen de tiempo que antes no teníamos. A veces, es sólo una fracción de segundo adicional lo que nos da el tiempo que necesitamos para tomar mejores decisiones y mejorar el resultado potencial de una situación. Tal vez sea algo tan pequeño como el reconocimiento de una persona, la gestión de una respuesta llena de emociones o la forma en que respondemos a un cliente durante una conversación crítica. Las transformaciones ocurren en una fracción de segundo y estos cambios tienen un impacto en nuestras vidas.

Entonces, ¿Qué obtenemos con la práctica de la conciencia plena? La conciencia plena nos da la capacidad de romper el dominio del ansia y el deseo producidos en la mente. Nos da la capacidad de gestionar las distracciones causadas por la mente, ayudándonos a centrarnos en lo que tenemos que hacer en ese momento. Por ejemplo, cuando trabajamos en un proyecto, podemos distraernos o desconcentrarnos porque la mente está débil por el posible estrés. Esto hace que la mente se vuelva rígida.

Elección de la Editora

"Cuando nos damos cuenta de los procesos de pensamiento negativos y derrotistas, podemos cambiar los pensamientos destructivos por otros constructivos."

Elección del Traductor

"Sé diligente y honesto contigo mismo y valorarás los cambios que se producen en tu vida."

Aplicar la conciencia plena

Conéctate con la respiración. Inhala profundamente y confirma que estás recibiendo el oxígeno requerido para el cerebro. Luego, fíjate en tu estado físico y mental. Al hacer esto, expresas la intención de sacar a relucir tus mejores pensamientos, incluso en los momentos en que puede no ser la primera opción de la mente del ego. Espera de tu mente el siempre inventar excusas para explicar por qué esta práctica -una misión para reclamar la propiedad mental- podría no ser una buena idea.

A la mente le gusta hacer lo que es más fácil. Rutinariamente, no hace nada, y con frecuencia hace lo de siempre — soñar despierta, cavilar, preocuparse. Tal vez, tal y como yo, tú diriges dramas. La mente quiere protegerse del daño, el dolor y la carencia de lo que considera que satisface sus necesidades e intereses. Muchas veces, esto incluye producir dramas detallados y dejarse llevar por narraciones unilaterales. Podría ser la fuerza del hábito de no asumir la responsabilidad, incluso cuando nuestras opiniones y pensamientos son incorrectos. Este reto solo puede ser el primero que experimentemos al aplicar la conciencia plena a nuestras relaciones, trabajo y otros aspectos de nuestra vida.

Dado que la conciencia plena es una práctica que consiste en centrarse en la respiración durante las actividades, al hacerlo, fomentamos un tren de pensamiento claro y mantenemos una línea de enfoque consistente. Esto es lo que nos da la flexibilidad para responder a los estímulos internos y externos de forma constructiva y relajada. Una de las razones puede ser que nos volvemos más afines y conectados con nuestras experiencias. Con el tiempo, perfeccionamos la práctica de la conciencia plena mediante el ejercicio de la meditación. En consecuencia, lleva tiempo. Sin embargo, en lo que respecta al tiempo dedicado a establecer la práctica de la conciencia plena, es un gasto mínimo en comparación con la larga lista de beneficios que desarrolla.

Algunos describen a la conciencia plena como una habilidad o práctica que nos permite revivir nuestra auténtica persona. Lo conseguimos al darnos cuenta de lo que nos decimos a nosotros mismos y al cambiar el tono de nuestros pensamientos. Cuando nos damos cuenta de los procesos de pensamiento negativos y derrotistas, podemos cambiar los pensamientos destructivos por otros constructivos. Al notar los hábitos de pensamiento críticos y egoístas, podemos elegir transformarlos en respuestas de aceptación y caridad.

A medida que empezamos a aplicar la conciencia plena, nos damos cuenta progresivamente de la capacidad de cambiar la forma en que nos mostramos. Incorporamos formas más saludables y beneficiosas de responder a las personas y a las situaciones.

En mi caso, la reacción era a menudo de frustración o enfado porque las cosas no marchaban según lo previsto. En mi cabeza, tenía expectativas que no se estaban cumpliendo o no veían mi opinión como válida. Una vez que desarrollé la práctica y la aplicación de las habilidades de la conciencia plena, me di cuenta de que tenía un nuevo espectro de opciones que no había conocido antes. Experimenté un momento extra de tiempo para revisar mis reacciones iniciales, algunas de las cuales me causaron años de desdicha y sufrimiento.

Ahora, no sólo controlo los estallidos de ira, sino que, lo que es más importante, ya no están presentes. Lo que solía ser un enorme fuego que todo lo envolvía en todo mi ser se marchitó hasta convertirse en un pequeño parpadeo en mi abdomen.

Recuerda que esto no ocurrió de la noche a la mañana. Me llevó meses y años de práctica constante. Sin embargo, si no hubiera empezado, no habría llegado a conocer el poder de la práctica de la conciencia plena. Sé diligente y honesto contigo mismo y valorarás los cambios que se producen en tu vida.

Todos los estados encuentran su origen en la mente. La mente es su fundamento y son creaciones de la mente. Si uno habla o actúa con un pensamiento impuro, entonces el sufrimiento le sigue de la misma manera que la rueda sigue la pezuña del buey. Todos los estados encuentran su origen en la mente. La mente es su fundamento y son creaciones de la mente. Si uno habla o actúa con un pensamiento puro, entonces la felicidad le sigue como una sombra que jamás le abandona.
—Dhammapada 1-2

Comienza con La Respiración

"Estás donde necesitas estar. Solo respira hondo."
— Lana Parrilla

Respirar es algo que hacemos desde el momento que nacemos y continuaremos haciendo hasta el momento de nuestra muerte. Todos respiramos alrededor de unas 20.000 veces al día, y la mayoría lo hacemos sin ser conscientes ni intervenir. La respiración es la función corporal en la que uno puede intervenir y controlar o dejar en piloto automático.

La respiración es también el único objeto innato del que disponemos para volver a concentrarnos. Siempre está con nosotros y es el objeto perfecto para desplazar nuestra conciencia hacia la búsqueda de un sentido de arraigo[2].

---

2   Nota del traductor (en adelante, N. de T.): En inglés Grounding o como explica el autor: *"Grounding es la acción para conseguir estar arraigado (being Grounded). Considera un árbol en el suelo, es la tierra la que lo mantiene estable, para que no se caiga. El arraigo (grounding) nos permite mantener la compostura y el estado de conciencia de la realidad."* Este término/concepto aparecerá varias veces en el libro traducido contextualmente.

Aunque, de niños, todos respiramos hacia el abdomen o el estómago, muchas personas en Occidente no respiran correctamente. A lo largo de los años, la mayoría de nosotros hemos crecido respirando hacia el pecho y hemos asumido que ésta es la forma correcta de respirar. Entre otras razones, no teníamos acceso a nadie que nos enseñara la forma correcta. Sin embargo, este método no es una forma eficaz de hacer llegar el oxígeno a nuestro sistema.

Hay muchas razones por las que respiramos hacia el pecho y podemos relacionar algunas con el estrés y la ansiedad. He conocido a muchas personas que, al practicar la conciencia plena, se dan cuenta de que retienen la respiración. Sin embargo, cuando no respiramos de forma eficaz, no nos llega suficiente oxígeno al cerebro, y esto puede aumentar nuestro estrés y ansiedad. Sólo pensar en que alguien me pregunte si sé respirar me descoloca. Quiero decir que estoy vivo y en pie, ¿no?

La mayoría de las personas de las culturas orientales saben que debemos respirar hacia el abdomen para obtener el mejor suministro de oxígeno al cerebro y a nuestro sistema. Aunque la mayoría de nosotros respiramos hacia el pecho, respirar hacia el estómago es, de hecho, la forma correcta de respirar a la que algunos se refieren como "respiración abdominal".

Cuando practicamos la conciencia plena, una de las primeras cosas que queremos hacer es comprobar nuestra respiración para asegurarnos de que estamos respirando correctamente.

Si has tomado clases de canto o has tocado un instrumento de viento, lo más probable es que sepas cómo es la respiración abdominal. Puedes distinguir a un respirador torácico observando el ascenso y descenso de su pecho; el pecho subirá al inhalar y bajará al exhalar, pero el abdomen permanecerá quieto.

Si aún no lo has hecho, comprueba si respiras por el pecho o por el abdomen. Una de las primeras cosas que debemos hacer antes de practicar la meditación es respirar de la manera más eficiente para que el oxígeno llegue a nuestro cerebro. Al respirar, ¿notas que tu pecho sube y baja o que tu estómago se expande y se contrae? Si el pecho sube y baja, estás respirando hacia el pecho. Si tu estómago se expande y se contrae, respiras hacia el abdomen. En cualquiera de los casos, seguro que te beneficiarás si modificas tus hábitos respiratorios. Si eres un respirador abdominal, considera prestar más atención y respirar aún más profundamente hacia tu abdomen. Si respiras por el pecho, hablemos de cómo hacer el cambio.

La respiración torácica es una respiración superficial. Puede aumentar el estrés y la ansiedad. Como se ha mencionado anteriormente, no facilita la llegada de oxígeno al cuerpo para mantener las funciones corporales en un nivel óptimo. Si no respiras hacia el abdomen, ten paciencia contigo mismo y con tu cuerpo mientras perfeccionas la habilidad que supone este método.

Elección de la Editora

"La respiración es también el único objeto innato del que disponemos para volver a centrarnos. Siempre está con nosotros y es el objeto perfecto para cambiar nuestra conciencia hacia la búsqueda de un sentido de arraigo."

Elección del Traductor

"La respiración es también el único objeto innato del que disponemos para volver a concentrarnos. Siempre está con nosotros y es el objeto perfecto para desplazar nuestra conciencia hacia la búsqueda de un sentido de arraigo."[2]
[2] *N. de T.: Lo siento, pero debo concordar con Andrea en este capítulo. Esta es definitivamente la mejor frase en estas páginas. Transmite perfectamente el mensaje de esta sección.*

Respiración abdominal

Vamos a repasar los fundamentos de la respiración abdominal. Incluso si respiras hacia el abdomen, te sugiero que leas esta sección para confirmar y ser más consciente de tu estilo de respiración.

En primer lugar, siéntate en una posición cómoda y erguida, cierra los ojos e imagina un globo en tu abdomen. Inhala y exhala por las fosas nasales, llenando de aire el globo en tu estómago. Observa la sensación de que se expande. Inhala profundamente y siente que el globo se llena de aire. Ahora, exhala por las fosas nasales o por la boca. Siente cómo se contrae el globo del abdomen mientras lo vacías de aire.

Practica este ejercicio durante unos minutos hasta que te sientas cómodo con la técnica y puedas aplicarla con facilidad. Presta atención a tu respiración a lo largo del día mientras adoptas la respiración abdominal. Con el tiempo, se convertirá en algo natural. Pero hasta entonces, querrás fijarte en tu respiración para asegurarte de que respiras con eficacia.

Si notas tensión en los músculos del estómago o resistencia por parte de tu cuerpo, es normal. Estás probando algo nuevo y necesita adaptarse. La memoria muscular puede intervenir y tratar de impedir que tu abdomen se expanda. Tu mente también puede advertirte que el vientre debe ser plano, más acorde con nuestros valores estéticos culturales, una forma de condicionamiento cultural. Aleja tu conciencia de los pensamientos condicionados y mantén la atención en tu respiración, permitiendo que el abdomen se expanda. No te preocupes si sientes que tu estómago sobresale. Lo más probable es que sea una impresión exagerada debido a la novedad de la respiración abdominal. A medida que te acostumbres a la técnica, respirarás de forma natural hacia el abdomen y dejará de sentirse exagerado.

Si tienes dificultades para practicar la respiración abdominal, simplemente acuéstate de espaldas, coloca tu mano en tu estómago y respira de forma natural. Al hacerlo, notarás que respiras correctamente hacia tu abdomen. Observa cómo tu mano sube y baja con el estómago mientras inhalas y exhalas. Mientras lo haces, centra tu atención en la sensación y el sentimiento de la respiración abdominal, y piensa en cómo reproducir esta forma de respirar después de ponerte de pie. Sigue la inhalación y la exhalación.

Después de experimentar con éxito la respiración abdominal, levántate y nota la diferencia mientras mantienes la misma forma de respirar. De nuevo, observa cualquier vacilación de tu estómago o de tus pensamientos y relaja los músculos del estómago mientras exhalas.

Aprender a respirar correctamente, aunque sólo sea cuando prestas atención a tu respiración, es un paso importante para reducir el estrés, relajarte y aumentar tu productividad. Si te sientes ansioso, recuerda dirigir tu atención a tu respiración y observar si estás respirando hacia el pecho o el estómago. A continuación, respira profundamente hacia tu abdomen y nutre tu cerebro de oxígeno. Nota como la sensación de relajación te invade.

Práctica de la respiración abdominal

Durante los próximos días, practica la respiración abdominal allí donde te encuentres. Simplemente detente y fíjate en tu respiración. Las siguientes son sugerencias de lugares donde puedes aplicar esta práctica, pero siéntete libre de añadir lugares a la lista a partir de tus circunstancias personales.

- Sentado en tu escritorio
- Caminando por el parque
- En una fila
- En una reunión
- Sentado en un semáforo
- Cuando estés ansioso
- Durante una comida
- Leyendo el correo electrónico o un libro
- Viendo una película

El perfume de las flores no se propaga contra el viento, como tampoco la fragancia de la madera del sándalo, del rododendro o del jazmín, pero la fragancia del virtuoso se esparce contra el viento. La del hombre virtuoso se expande en todas las direcciones.
—Dhammapada 54

La verdadera relajación

"Relájate, Recárgate y Reflexiona. A veces ESTÁ BIEN no hacer nada." —Izey Victoria Odiase

Relajación, es un estado que debe alcanzarse activamente y mentalmente. No es algo que ocurra sin más. La relajación es una elección. Requiere conciencia e integración directa de nuestra mente, cuerpo y respiración. Sin la integración de los tres, será difícil lograr una verdadera relajación. Por ejemplo, si no somos conscientes del estrés, éste afecta a nuestro estado físico y mental general. Por lo tanto, es importante que seamos íntimamente conscientes de estos tres: mente, cuerpo y respiración- si realmente queremos experimentar una relajación saludable.

Cuando no disponemos de prácticas saludables para combatir el estrés, como formas de reconocer y liberar el estrés, nuestras vidas pueden desorientarse por el estrés no resuelto. El estrés mental enciende el estrés físico, que puede conducir a dolencias físicas, incluyendo enfermedades del corazón y el cáncer. El estrés físico de estas enfermedades aumentará entonces también lo hará el estrés mental que puede aumentar la propensión a la enfermedad mental. El estrés es un círculo vicioso y esta es la razón por la que necesitamos inculcar sensibilidades y prácticas en nuestras vidas.

En 2017, los datos de la investigación de la Sociedad Americana de Psicología muestran que las principales causas de estrés en Estados Unidos son:

- El futuro de nuestra nación —63%
- Dinero —62%
- Trabajo —61%
- Clima político —57%
- Violencia y delincuencia —51%

Es posible que muchas personas no conozcan las prácticas para aliviar el estrés y mantener la calma. Cuando este es el caso, algunos recurren a actividades y ejercicios saludables como correr, culturismo, yoga, ciclismo, Pilates y CrossFit. Por otro lado, algunos optan por recurrir al alcohol, la marihuana, los cigarrillos y otras formas de automedicación para lidiar con el estrés.

Obviamente, debemos tomar decisiones saludables, pero cuando el estrés está afectando al trabajo y a la productividad, es posible que no podamos ir al gimnasio a hacer ejercicio o ir al parque a correr. Sin embargo, siempre podemos encontrar la relajación a través de una práctica tranquilizadora que ralentice nuestros latidos y nuestra respiración para relajar los músculos. Aplicar esta forma de relajación mejora la actitud general y la productividad cuando se practica a diario.

Equilibrar la actividad a través de la no actividad

El pensamiento oriental enseña la importancia de lograr un equilibrio entre las energías opuestas no agresivas.

Quizá hayas oído hablar del Libro de las mutaciones, también conocido como el I Ching o, más correctamente, 易经 el Yi Jing. Se trata de un clásico chino primitivo lleno de sabiduría universal. Se basa en los conceptos del cambio observados en la naturaleza por los antepasados chinos -fundadores de la primera cultura china-. De hecho, el Yi Jing es fundamental para el pensamiento, la cultura y la visión del mundo chino. Antes de que crearan el sistema de escritura chino, ya existía.

La leyenda cuenta que Fu Xi (pr. fu shi), el legendario primer emperador chino, fue el pensador del que se dice que fue el fundador del pensamiento cultural chino. Esto incluye las prácticas agrícolas y el sistema de escritura chino, entre otros.

Fu Xi observó meticulosamente las cuatro direcciones. Al hacerlo, notó los efectos e interacciones que se producían. Interacciones que, manteniendo ciertas condiciones, inducían al cambio. También observó la influencia de las energías que armonizan las dualidades equilibradas, como la noche y el día, el frío y el calor, la luna y el sol. Esta conciencia es lo que entendemos como "Yin-Yang".

El yin, la energía femenina, y el yang, la energía masculina, son las ondulaciones y el equilibrio de las distintas energías. Se trata de una armonía universal creada a partir de energías opuestas no agresivas. No están en sintonía con los deseos o expectativas humanas, por lo tanto, cuando nos adaptamos a tales fluctuaciones de la vida, surge una sensación de armonía. Percibimos la sabiduría universal sin importar los resultados.

Cuando observamos y comprendemos cómo las energías opuestas no agresivas interactúan y alcanzan el equilibrio, somos más capaces de entender las fuerzas que trabajan a favor o en contra de nosotros en la vida. La percepción y la conciencia de estas energías son innatas y residen en nuestros corazones y mentes. Sólo tenemos que estar abiertos a ello.

Según el Yi Jing, todo tiene una contraparte no agresiva o armoniosa. Para experimentar el mayor éxito de las prácticas basadas en la actividad, también debe haber una práctica de contrapeso de no actividad.

En todas las cosas, el cambio es el resultado lógico

En la expresión "Cuando llega a la cúspide, se voltea", escuchamos un fenómeno central del Yi Jing que expresa la idea de que una energía, yin o yang, se volteará a la otra después de alcanzar su nivel climático más alto.

Esto nos lleva a considerar el cambio como un proceso en el que una energía alcanza su clímax y, posteriormente, da paso a la energía contraria. Considero que esto es el consumo de una energía que da paso a la opuesta.

Aunque un cambio de energía puede ser el resultado deseado a veces, no siempre es lo que se espera. Cuando no gestionamos las energías, éstas pueden llegar a un nivel culminante y cambiar a la energía opuesta. Sin embargo, la naturaleza impone mecanismos de equilibrio para cuando no poseemos las habilidades o la conciencia para gestionarlas nosotros mismos. Piensa que cuando uno se consume por la energía de la ira y la rabia, el resultado es el agotamiento y la necesidad de descansar.

En la expresión "静观其变 En silencio, observa el cambio", oímos la llamada a aprender el autocontrol. El silencio es el estado adecuado para el aprendizaje, la observación es la clave de la comprensión, y la satisfacción es el fruto de la aceptación. Cuando veamos la sabiduría del cambio, encontraremos la satisfacción. Reconocer esta sabiduría universal es algo poderoso más allá de la comprensión.

Elección de la Editora

"En todas las cosas, el cambio es el resultado lógico."

Elección del Traductor

"Cuando veamos la sabiduría del cambio, encontraremos la satisfacción. Reconocer esta sabiduría universal es algo poderoso más allá de la comprensión"

Acción y no acción

La acción y la no acción también requieren equilibrio y armonía. Aquí, la acción o la actividad se refieren a cualquier forma de movimiento o a cualquier estado que sea contrario a la quietud. Piensa en caminar, correr, hablar, ver la televisión o incluso trabajar con el ordenador. Todas ellas son actividades que involucran al cuerpo y a la mente en la acción o la actividad.

Si has oído hablar de la práctica tradicional del Kung Fu Shaolin, lo más probable es que sepas que es una práctica vigorosa de equilibrio entre la acción y la no acción. Construyeron esta práctica tradicional sobre la base de 禅 - Chan.

El chan es la expresión china de la conciencia plena que se basa en el budismo primitivo de China. Más tarde se convirtió en la práctica popular del Zen, famosa en Japón.

En la tradición Oriental, antes de que una persona se vuelva diestra en la acción, primero deben perfeccionar el arte de la no-acción. En otras palabras, para ser excelsos en la actividad o el movimiento, primero debemos perfeccionar el estado de la quietud y la calma. El razonamiento tras esto es simple pero profundo. Como todo, el estado de acción crea una vibración física y mental, y movimiento en nuestro ser. Si las vibraciones físicas y mentales se vuelven nuestro estado normal del ser, entonces nos volvemos menos sensibles al estado de vibración y movimiento más allá del balance saludable. Es como un estado de acción continua.

Piensa sobre el estrés por un momento, lo que signifique para ti desde cualquier perspectiva. Si tu estado normal del ser está a ciertos niveles de estrés, entonces cualquier cosa más allá de eso será prácticamente indiscernible. Es como crear una ondulación en un lago. Si aumentas la onda levemente, no será obvio. En cambio, si creas una onda en la superficie de un lago de aguas tranquilas, la ondulación será claramente visible. Esta es la razón por la que fundaron la Práctica Shaolin sobre la conciencia plena en relación con la respiración. Les permite ejecutar sus movimientos partiendo del estado de calma, como la superficie de un lago tranquilo, lo que facilita una mayor fuerza en su movimiento.

Arraigado, todo movimiento nace desde un estado de calma y claridad mental. Desde un estado arraigado en una mente tranquila, cuerpo y respiración firmes en el momento previo a la acción, ejecutan el movimiento manteniendo este arraigo en todo momento.

La razón por la que explico esto es para expresar la importancia de trabajar en un estado de calma. Cuando somos conscientes de nuestra mente, cuerpo y respiración, estamos en un espacio que es la base de una mayor concentración y una mayor productividad. Al igual que los monjes Shaolin, vuelve siempre al espacio de calma. Permanece arraigado y consciente antes, durante y después del movimiento. Lo que buscamos es similar a las prácticas orientales, pero con ajustes para adaptarse a las necesidades de la sociedad occidental moderna.

Relajar el cuerpo

En el capítulo anterior, aprendimos a practicar la respiración abdominal. La respiración abdominal, o respiración, como la llamaremos a partir de ahora, es una habilidad fundamental de la conciencia plena y la clave para lograr una verdadera relajación. Es el aspecto fundamental de la conciencia plena. Cada vez que experimentemos ansiedad, nerviosismo u otras formas de estrés, al igual que en la práctica de los monjes Shaolin de acción-fundada en la no-acción, volveremos a prestar atención a la respiración y partiremos de ahí. Piensa en la respiración como el espacio para conectar con la no-acción dentro de tu ser.

Al principio, puede que tengas que esforzarte más para relajarte y permanecer en este estado. Es una conciencia que debe correr en tu subconsciente en todo momento. Notarás que tus músculos tensos vuelven rápidamente a este estado anterior de no relajación debido a la memoria muscular. Cuando notes que tus músculos vuelven al estado de tensión, sigue concentrándote en ello. Respira hacia la tensión y suéltala al exhalar para relajarte. Con el tiempo, el estado anterior de memoria muscular tensa será sustituido por músculos relajados y se convertirá en tu nueva normalidad.

A medida que te vayas familiarizando con la práctica de la relajación, conseguirás un estado de relajación más rápido y eficaz en pocas respiraciones. Es posible que pienses: "Me quedaré dormido si me relajo demasiado", cuando en realidad esto no es más que una suposición. Culturalmente, tendemos a relacionar la relajación con el sueño o la pereza, sin embargo, la relajación a la que estamos dirigiendo nuestra atención es el estado físico y mental que debemos mantener incluso durante nuestros momentos de actividad. Consideremos la fuerza de acción que los practicantes de Shaolin logran a partir de un estado mental relajado y concentrado. Esta cualidad de la relajación no equivale a un letargo, sino a un estado de conciencia arraigada y calma mental.

Practiquemos la relajación

Siéntate cómodamente en una silla. Una silla de escritorio o un taburete pueden servir. Apoya tus manos en tus piernas, con las palmas hacia arriba o hacia abajo, lo que te resulte más natural. Coloca los pies en el suelo, separados aproximadamente a la altura de los hombros. Si te sientas en una silla con respaldo, no apoyes la espalda en él. Debes equilibrar todo el peso de la parte superior del torso sobre las caderas. Siéntate recto, no rígido. Sentado de forma natural, debes tener una ligera curva natural en la columna vertebral. Equilibra la cabeza cómodamente sobre el cuello y mueve la cabeza en un movimiento circular. Poco a poco, haz los círculos más pequeños hasta que encuentres el punto en el que tu cabeza descansa de forma equilibrada sobre tu cuello sin tirar hacia delante o hacia atrás.

Mira hacia abajo en un ángulo de 45 grados y cierra ligeramente tus ojos para bloquear cualquier distracción visual. Cerrar los ojos ayuda a centrar la atención en la respiración. Sigue respirando de forma natural y centra tu atención en la respiración. No intentes controlar tu respiración. Simplemente obsérvala y deja que se produzca de forma natural. Inhala por las fosas nasales, llenando el abdomen, luego haz una pausa y exhala profundamente por las fosas nasales o la boca, expulsando suavemente todo el aire. Hazlo tres veces. Concéntrate en llenar el globo de tu vientre y observa cómo se expande con la inhalación y se contrae con la exhalación.

Libera cualquier tensión o estrés con cada exhalación y nota tu progresión física y mental hacia la relajación.

Realizar una exploración del cuerpo

Una exploración del cuerpo es simplemente lo que sugiere. Escaneamos nuestro cuerpo para detectar tensiones o molestias en los músculos y liberamos la tensión. Como se ha mencionado anteriormente, cuando distinguimos la tensión y el malestar, lo liberamos con la exhalación. Es importante adquirir el hábito de liberar la tensión y el estrés físico con cada exhalación. De este modo, se convertirá en algo habitual y se podrá realizar en cualquier lugar y momento.

Cuando hagas una exploración corporal, empieza por la parte superior de la cabeza y desciende hasta los dedos de los pies. En tu mente, escanea tu cuerpo en busca de cualquier tensión o rigidez. Toma conciencia de la tensión y libérala con la exhalación. Esta práctica tendrá una poderosa influencia en tu estado mental y físico actual.

A la hora de relajar ciertas zonas del cuerpo, como el cuero cabelludo o la espalda, es posible que te preguntes cómo hacerlo. En el caso de que no estés seguro, imagina cómo sería. Realiza el proceso de imaginar el resultado de la relajación. Pensar en cómo se sentirá te llevará finalmente a la verdadera relajación. No te preocupes si no sientes grandes cambios inmediatamente. Sólo debes saber que habrá cambios que notarás con el tiempo y sigue con la siguiente parte de tu cuerpo.

Aplica los siguientes pasos, empezando por la parte superior de la cabeza.

Relaja tu cuero cabelludo, tu frente y tus orejas. Mientras realizas la práctica de relajación, utiliza tu mente para visualizar el acto de relajación. Esto te ayudará a conectarte conscientemente con las distintas zonas de tu cuerpo.

Relaja tu cara, tus ojos, tu nariz, tus mejillas, tus labios y tu mandíbula. Al relajar la cara, hay músculos que se relajan fácilmente, como los de la frente y las mejillas. Al relajar la mandíbula, fíjate en que haya un pequeño espacio entre los dientes superiores e inferiores.

Relaja tu cuello. Mueve ligeramente tu cabeza hacia la izquierda y la derecha para ayudar a relajar tu cuello. Nota la posición en la que tu cabeza se equilibra de forma natural y se asienta sin presión en tu cuello.

Relaja tus hombros. Levanta tus hombros como si fueras a tocarte las orejas. Mantén esta posición durante tres segundos y afloja. Deja que tus hombros caigan de forma natural. Repite esto tres veces mientras relajas tus hombros con la exhalación.

Relaja tus brazos. Centra la atención en ambos brazos. Deja que tus brazos cuelguen de forma natural y agítalos ligeramente. Haz una pausa y nota que la gravedad tira de ellos hacia la tierra. Hazlo durante tres segundos y relájate con la exhalación.

Relaja tus manos. Centra la atención en tus manos. Cierra el puño con cada mano, usando toda tu fuerza para apretarlas con fuerza. Mantenlas apretadas durante tres segundos, luego suéltalas y deja que se relajen de forma natural.

Relaja tu pecho. Concentra tu atención en tu zona torácica. Imagina que liberas la tensión de los músculos del pecho y los relajas. Relájate con la exhalación. Nota la relajación en tu pecho.

Relaja tu espalda. Centra tu atención en la espalda. Imagina que liberas la tensión de los músculos de tu espalda y los relajas. Relájate con la exhalación. Nota la relajación en tu espalda.

Relaja tu abdomen. Centra la atención en tu abdomen. Relaja tu abdomen y deja que el globo se llene. Nota tu respiración mientras tu abdomen se llena de aire. Relájate y exhala lentamente. Nota la relajación en tu abdomen.

Relaja tus caderas. Centra tu atención en tus caderas y glúteos. Imagina que liberas la tensión y relajas tus caderas y glúteos. Nota la relajación.

Relaja tus muslos. Centra tu atención en tus muslos. Imagina que liberas la tensión de tus muslos y los relajas. Nota cómo se siente la relajación muscular.

Relaja tus pantorrillas. Concentra tu atención en tus pantorrillas. Imagina que liberas la tensión de los músculos de tus pantorrillas y las relajas. Nota la relajación en tus pantorrillas.

Relaja tus pies. Centra la atención en tus pies. Gira tus pies por los tobillos e imagina que liberas la tensión de los músculos de tus pies para relajarlos. Mueve los dedos de tus pies. Nota tus pies relajados.

Hazlo tuyo

Esta es una exploración básica del cuerpo y un buen punto de partida. A medida que vayas adquiriendo práctica y te familiarices con cada ejercicio, descubrirás otras áreas en las cuales concentrarte. Siéntete libre de añadir o eliminar áreas según tus necesidades personales.

Una vez que estés bien entrenado o entrenada, puedes realizar una exploración corporal cuando quieras. Al igual que la respiración abdominal, puedes practicar la exploración corporal en cualquier lugar y en cualquier momento. Progresarás a medida que sigas observando la tensión, te concentres y te relajes con la exhalación.

Lista rápida de referencia para la exploración corporal:

- Cabeza - cuero cabelludo, frente, orejas
- Cara - ojos, nariz, mejillas, labios, mandíbula
- Cuello
- Hombros
- Brazos
- Manos
- Pecho

- Espalda
- Abdomen
- Caderas
- Piernas - muslos, pantorrillas
- Pies

Hay personas constantes y sabios cuyos cuerpos, palabras y mentes se controlan a sí mismos. Son las personas del supremo autocontrol.
— Dhammapada 234

Cuidando La Respiración

"La verdad no es algo exterior que hay que descubrir, es algo interior que hay que comprender." — Osho

Después de practicar la respiración abdominal, tenemos una comprensión básica de cómo enfocarnos en la respiración, junto con una forma beneficiosa de respirar de ahora en adelante. La respiración es nuestro punto de retorno cuando recordamos la necesidad de arraigarnos, reenfocarnos o silenciar nuestros pensamientos. Centrarse en la respiración es la clave. Estés donde estés y hagas lo que hagas, centra tu atención en la inhalación y libera cualquier tensión que notes con la exhalación. Así de sencillo.

Cuando respiramos hacia el estómago, estamos respirando hacia el núcleo de nuestro ser. Los chinos lo llaman 丹田, dantian. El Dan Tian está situado a tres dedos de distancia por debajo del ombligo. Consideran que es un centro de energía, a veces referido como una estufa de calentamiento en el vientre. Forma parte del circuito invisible y de la red de puntos de presión que existen en nuestro cuerpo y que modelan una red energética. Los puntos de energía, o meridianos, crean un sistema energético dentro de nuestro cuerpo.

El dantian es un punto focal importante para las prácticas energéticas como el Taichi y el Qigong. También es un concepto importante en la medicina tradicional china.

Puedes respirar hacia el dantian o respirar hacia el abdomen. Es esencialmente lo mismo. Estás respirando de una manera que es más beneficiosa para aumentar la productividad ya que estás enfocando tu mente y nutriendo tu cerebro con oxígeno.

Al utilizar la respiración como punto focal en esta práctica, entrenas a la mente para que se concentre donde tú quieras, en lugar de darle la libertad de saltar de una tarea a otra, dificultando tu productividad y creatividad.

En este capítulo, aprenderemos a combinar la respiración con el conteo. Lo hacemos para entrenar a la mente a concentrarse cuando está distraída o bajo estrés. La práctica será la base para construir las habilidades y establecer las herramientas que nos ayudarán a mejorar el estado de ánimo, la paciencia, la productividad y la eficiencia en general. Con persistencia y práctica dedicada, obtendremos estos atributos en nuestra creciente concentración.

Elección de la Editora

"No dejes que la mente te involucre en un diálogo negativo."

Elección del Traductor

"No esperes la perfección. Nunca llega. Sé paciente contigo mismo y date espacio."

Ciclos respiratorios

Para mayor comodidad, utilizaremos el término "ciclo respiratorio" en referencia a la respiración y su seguimiento.

Un ciclo respiratorio es una unidad en la práctica que mide la claridad. Hace que la respiración sea más fácil de seguir y controlar. Al entenderlo como un patrón cíclico de una sola unidad, somos menos propensos a la confusión de la inhalación y la exhalación individuales. Considera el símbolo del yin-yang y piensa en el ciclo respiratorio de la misma manera. Es una unidad compuesta por dos partes interconectadas.

En el pensamiento oriental, vemos con frecuencia la influencia del yin-yang, un concepto de dos fuerzas opuestas, pero no adversas, que conforman un todo. Cuando digo "no adversas", no quiero decir que no incurran en la adversidad. Sin embargo, la adversidad no es un producto de las dos fuerzas en sí, sino que la percibimos a través de nuestras interpretaciones culturales.

Considera la similitud del yin-yang con el ciclo respiratorio. El yin-yang es un "yin" y un "yang", y el ciclo respiratorio es una inhalación y una exhalación. Ambos se completan o se plenifican con el otro.

Un ciclo respiratorio es una inhalación y una exhalación. Eso es todo. Inhalación, exhalación. Un ciclo respiratorio siempre termina en la exhalación, donde liberamos toda la tensión o el estrés. Al igual que liberamos en la exhalación, también contamos en la exhalación.

El ciclo respiratorio

Tómate unos minutos para familiarizarte con el ciclo respiratorio. Cuenta mentalmente cada ciclo respiratorio del uno al diez, como se indica a continuación:

Al inhalar, cuenta "uno", exhala, cuenta "uno"; inhala, cuenta "dos", exhala, cuenta "dos"; inhala, cuenta "tres", exhala, cuenta "tres". Continúa hasta contar diez veces y repite.

Esta práctica te ayudará a tener una mejor comprensión de la idea de un ciclo respiratorio y te preparará para la siguiente parte de la práctica: contar los ciclos respiratorios.

Cuando las cosas se amontonan en nuestra lista de "cosas por hacer", puede que nos cueste mantener la atención en las tareas que tenemos entre manos, sobre todo para los que tenemos varias cosas en marcha simultáneamente pero no somos expertos en multitarea por naturaleza. Por lo tanto, tenemos que aumentar nuestra concentración y reforzar nuestra capacidad de atención. Para ello, centramos nuestra atención en contar las respiraciones. Esto entrenará tanto a la persona como a la mente. Aunque esto pueda sonar extraño, rápidamente te darás cuenta de que hay muchas verdades en el concepto.

Después de unas semanas de practicar el conteo de los ciclos de la respiración, la mayoría de las personas sienten una separación o un distanciamiento de la mente. La mente ya no ocupa el centro del escenario. Esta es una experiencia asombrosa e iluminadora cuando la logras. Empezamos a comprender que la mente no es más que un órgano como el resto, de ahí la expresión: "Tú no eres tus pensamientos". ¡Un concepto que es verdaderamente liberador!

Prepararse para sentarse

Ahora que te has familiarizado con el ciclo de la respiración y el recuento de cada una de ellas, estás preparado o preparada para transformar esas sencillas tareas en una poderosa práctica para cambiar tu vida. Esta es una práctica a la que quieres comprometerte diariamente. Sí, puedes hacerlo. Mantén y conserva tu buena intención. Si la cabeza te da vueltas al pensar en añadir una tarea más a tu rutina diaria, desacelera las vueltas completando un ciclo de respiración de diez repeticiones para recuperar la concentración.

Lo siguiente que debes hacer es establecer un tiempo para practicar diariamente. Empieza con cinco minutos, quizás. Considera qué momento del día es el más adecuado para ti. Yo sugeriría las mañanas, ya que es cuando es más probable que estés fresco y puedas levantarte cinco minutos antes para sentarte a practicar. Si eliges la noche, asegúrate de que tienes la energía necesaria después de un largo día. Teniendo esto en cuenta, las noches pueden ser difíciles, especialmente cuando eres nuevo en la práctica de la meditación. Cuando cierres los ojos, puedes ser propenso a quedarte dormido. Si lo haces, no te frustres preocupándote por ello. Con el tiempo, la mente se dará cuenta de lo que estás haciendo y se mantendrá centrada en contar.

También es conveniente que encuentres un espacio en tu casa que sea tranquilo. Por supuesto, no podemos alejarnos completamente del ruido ambiental, pero lo mejor sería encontrar un lugar lo más tranquilo posible. También es una buena idea sentarse en un lugar en el que te sientas cómodo, un lugar que puedas establecer como tu lugar de referencia para la práctica de la conciencia y para sentarte.

Una vez que hayas decidido dónde establecer tu espacio, puedes decidir si te sentarás en una silla o en un cojín. Si prefieres una silla, asegúrate de utilizar una silla estándar con un asiento resistente, como una silla de comedor o incluso un taburete, ya que no nos apoyaremos en el respaldo. Consulta la sección Practiquemos la relajación del capítulo anterior, para revisar las mejores formas de sentarse en una silla.

Utilizar un cojín de meditación o una silla son las mejores opciones, sin embargo, todo depende de las preferencias. Yo prefiero sentarme en un cojín de meditación, ya que así es como recibí mi formación en Taiwán. Si te sientas cómodamente en un cojín, es posible que te sientes en posición de loto o medio loto, lo que puede resultar incómodo para muchos. Si es tu caso, puedes probar el estilo birmano, que aprendí de una monja budista en Taiwán que se dio cuenta de que tenía problemas con las posiciones de loto.

Postura birmana de meditación

Siéntate con las nalgas hacia la parte delantera del cojín. Lleva el talón derecho a la zona de la entrepierna. A continuación, trae el pie izquierdo hacia ti, justo al exterior del pie derecho. Ambos deben estar apoyados en el suelo, uno delante del otro con una ligera distancia entre ellos.

Los pies no deben estar uno encima del otro, sino uno delante del otro; el pie derecho más cerca del cuerpo y el izquierdo por fuera del derecho. Técnicamente, al sentarse en un cojín, se desea tener un trípode: tres puntos que tocan el suelo: (1) las nalgas, y (2) ambas rodillas. Esto ayuda a mantener una postura estable para evitar el balanceo y la distracción de la mente.

Las siguientes indicaciones son las mismas para sentarse en un cojín o en una silla.

Relaja las manos y colócalas cómodamente sobre las piernas o las rodillas. Colócalas mirando hacia arriba o hacia abajo, lo que te resulte más natural. Mantenlas relajadas. No te recomiendo que practiques un gesto con las manos o un Mudra mientras realizas esta forma de meditación de conciencia plena porque requiere comprometer la mente. Mantén la acción al mínimo para establecer un estado de no acción que permita a la mente centrarse en contar los ciclos de la respiración.

Comprueba tu postura. Mantén la espalda cómodamente recta, no forzada ni rígida. Ten en cuenta la curvatura natural de la columna vertebral y no te encorves. Echa los hombros hacia atrás ligeramente para mantener una postura correcta. Ajusta y equilibra la cabeza cómodamente sobre el cuello haciendo pequeños movimientos circulares hasta encontrar el centro de gravedad. La gravedad también debe apoyar la parte superior del torso. Para la cabeza, encuentra el punto de equilibrio de la parte superior de tu torso haciendo pequeños movimientos giratorios, deteniéndote lentamente en el centro de equilibrio. Una vez que hayas encontrado el equilibrio adecuado de comodidad y postura, siéntate en silencio durante un momento y nota cómo se siente.

Comprueba tu barbilla. La barbilla debe estar más baja, ligeramente metida hacia abajo y hacia el esternón, pero sin forzarla. Es posible que sientas que la parte posterior de tu cabeza se mueve ligeramente hacia arriba, con un pequeño tirón en la nuca mientras lo haces. Mantén una sensación de relajación natural y no fuerces ningún ajuste. Para reiterar, todo el ajuste que hacemos es muy mínimo e incluso puede parecer que no hay cambios. No pasa nada. Poco a poco te irás sensibilizando a estos ligeros movimientos y ajustes a medida que continúes con tu práctica.

Para cada ajuste, siéntate durante tres ciclos de respiración para notar cómo se siente. De este modo, puedes tomar nota mentalmente para la próxima vez. Al hacer esto, con el tiempo te resultará más fácil sentarte y encontrar la postura correcta con poco esfuerzo.

Para apoyar tu postura de sentado, puedes imaginar una cuerda que te conecta con la tierra de abajo y el cielo de arriba. La cuerda entra desde tu asiento, atraviesa tu cuerpo y sale por la parte superior de tu cabeza, conectándote con la tierra y el cielo. Notas un ligero tirón de la cuerda desde el cielo. La cuerda tira ligeramente hacia arriba. Al mismo tiempo que tira hacia arriba, tú sientes que tira de tu cuerpo hacia arriba. Con esto, puedes dar los últimos toques a tu postura de sentado.

Mientras te sientas y cuentas tus ciclos respiratorios, vuelve a la cuerda periódicamente para comprobar tu postura y evitar encorvarte. Encorvarse no es bueno para el cuerpo ni para la mente. Si tienes una mala postura por pasar muchas horas delante del ordenador o simplemente por estar sentado de forma incorrecta, puedes notar dolor después de estar sentado un rato. Sin forzarla, mantén una buena postura y fíjate en cómo se siente, pero no lo etiquetes como bueno o malo. Vuelve a centrar tu atención en la respiración. Tras una práctica constante, desarrollarás una nueva memoria muscular que se convertirá en la norma. Asegúrate de consultar con tu médico si tienes problemas de espalda o cualquier otra dificultad para sentarte en un cojín. Si las molestias persisten, también puedes considerar la posibilidad de sentarte en una silla, como se ha descrito anteriormente.

Meditación básica—Sentarse con la respiración

Ahora que has decidido dónde te vas a sentar, sobre qué te vas a sentar y has establecido una buena postura para una experiencia de meditación, estamos listos para introducir el enfocarse en los ciclos respiratorios.

Al principio, hagámoslo con calma. Durante tu primera semana de meditación, planifica cinco minutos diarios. De lo contrario, a menos que ya estés meditando durante más de cinco minutos, la mente podría enloquecer. No se puede decir que no lo vaya a hacer de todos modos. De repente te acordarás de todo lo que has olvidado hacer, como cerrar el coche o enviar ese correo electrónico. Te vendrán a la mente una gran cantidad de "cosas" que provocarán un conflicto entre tu intención de asentarte y todas las distracciones que la mente te lanzará. Haz todo lo posible por sentarte y dejar que los pensamientos sigan su curso. Dile a tu mente que estas cosas pueden esperar cinco minutos hasta que termines.

En este capítulo hemos aprendido a contar los ciclos respiratorios en la sección "Ciclos respiratorios". Si necesitas repasar, no dudes en consultar esa sección. Es en este momento cuando combinamos el recuento de los ciclos respiratorios junto con la postura de sentado. A esto lo llamamos meditación.

Lo primero que debes hacer es acomodarte en tu postura de sentado. No olvides programar el temporizador de meditación para cinco minutos. Después, haz tres respiraciones profundas hacia el abdomen, o dantian. Acuérdate de liberar los músculos tensos o la tensión en la exhalación. Sentándote en silencio, mira hacia abajo en un ángulo de 45 grados sin mover la cabeza, cierra los ojos y concéntrate en la respiración. Cuenta los ciclos respiratorios, de uno a diez, tal y como hemos hecho antes. Completa el mayor número de ciclos respiratorios de diez en el lapso de cinco minutos y hazlo todos los días durante la siguiente semana. Cuando surjan los pensamientos, vuelve a prestar atención a la respiración y sigue contando.

Si pierdes la cuenta, vuelve a empezar. Ni siquiera lo pienses, vuelve a uno y empieza de nuevo. No dejes que la mente te involucre en un diálogo negativo.

No esperes la perfección. Nunca llega. Sé paciente contigo mismo y date espacio: sólo cinco minutos al día durante la próxima semana. Si crees que no lo has hecho tan bien como deberías, no te preocupes. En lugar de eso, enorgullécete de tus progresos.

Verdaderamente, de la meditación brota la sabiduría. Sin meditación, la sabiduría se pierde. Conociendo el doble camino de la ganancia y la pérdida, debe conducirse uno mismo de manera tal que pueda aumentar la sabiduría.
— *Dhammapada verso 282*

La Concentración es más que concentrarse

"La conciencia plena debe compararse con comer, dormir y respirar; no con las vacaciones, el tiempo libre o el ocio."
–Todd Cornell

¡Aquí es donde las habilidades de la conciencia plena se ponen en marcha! ¿Sabes esos momentos en los que estás en una conversación en la que tres personas hablan al mismo tiempo? ¿O cuando vas a llegar tarde a una reunión importante y el tráfico avanza a paso de tortuga? Esa sensación de estar atascado sin ningún sitio al que dirigirte. La sensación interna de presión y de que la mente va a estallar. Momentos en los que la mente inunda tu conciencia con escenarios: lo bueno y lo malo, la emoción y el miedo. El estrés entra en acción y la mente se pone a hacer comentarios inútiles.

Cuando hablamos de concentración, nos referimos a la conciencia interior o a la percepción. Es a través de notar las cosas que compiten por nuestra atención que establecemos la concentración. Las cosas que compiten por nuestra atención pueden ser nuestro entorno inmediato o los pensamientos de nuestra cabeza. Para lograr la concentración, primero debemos entrar en nuestra conciencia. La concentración es una experiencia interna. Nadie puede concentrarse "por" ti ni conocer el grado de tu capacidad. Sin embargo, alguien que ha desarrollado la habilidad de concentrarse puede mirar a otra persona que no lo ha hecho y reconocer sus dificultades.

El Venerable Kong Hai, mi maestro de conciencia plena, dice: "Cualquiera que haya experimentado niveles superiores de conciencia puede ver lo mismo en otros que también los hayan alcanzado". Sin embargo, alguien que no ha alcanzado estos niveles de conciencia no puede verlos en alguien que sí lo ha hecho. El arraigamiento es muy parecido a la concentración. Cuando el estrés nos golpea, tenemos que recomponernos y arraigarnos. Al igual que la concentración, el arraigo también se basa en la conciencia y comienza en el interior.

Arráigate

El arraigamiento no debe ser algo que hagamos sólo cuando necesitemos estar arraigados. Debería ser una práctica habitual consistente en la que nos apoyemos en cada momento de cada día. Si sólo practicamos el arraigo cuando lo necesitamos, nos presionamos indebidamente, lo que aumenta el estrés. Es como intentar apagar un fuego con un abanico. Un incendio comienza inesperadamente, así que sacas un abanico de tu bolsillo trasero y abanicas frenéticamente el fuego. Por desgracia, tus nobles actos fracasan porque no estabas preparado. El fuego necesitaba más esfuerzo que un abanico para ser extinguido. Si estuvieras mejor preparado con un cubo de agua, podrías haber evitado que las llamas te envolvieran. Estar arraigado es nuestro cubo de agua.

Cuando mantenemos un estado mental arraigado, no necesitamos lidiar con los resultados negativos del estrés, cuando éste ocupa las paredes de nuestra mente y entra en nuestra vida. Al igual que los practicantes de Shaolin que actúan desde un lugar suave de una mente tranquila y un cuerpo arraigado (no acción), están mental y físicamente arraigados antes de la embestida de las patadas y los puñetazos (estrés). Sólo así responden a tiempo a los duros ataques y agresiones, de lo contrario, librarán una batalla perdida. La persona con mayor concentración puede ganar contra la persona con fuerza bruta, incluso con un nivel de habilidad superior. Este es el poder de estar arraigado. También encaja en el concepto taoísta de lo blando frente a lo duro. Lo duro siempre sucumbe a lo blando.

Entonces, ¿cómo nos arraigamos? Hablamos de la concentración, la conciencia y el arraigo. También podemos incluir la palabra "atención", como en "prestar atención". Aquí es donde las palabras dificultan la comunicación. Estas palabras tienen significados similares, pero con ligeras diferencias de matiz. Ahora bien, ¿cómo las entendemos para utilizarlas de forma adecuada con el fin de arraigarnos?

Si analizamos las palabras con mayor profundidad utilizando la técnica del diseño inverso -una práctica en la que partimos del resultado deseado y trabajamos hacia atrás-, descubrimos el mejor camino para lograr los resultados deseados.

En este caso, nuestro resultado deseado es estar arraigado. Cuando nos arraigamos, estamos preparados para lo que la vida nos lanza, incluso cuando no lo esperamos. Cuando estamos preparados, somos capaces de responder de forma constructiva.

Piensa en esto. Para estar arraigados, también tenemos que estar enfocados, y nuestra concentración se basa en la conciencia. Para aplicar el enfoque al objeto de la conciencia, debemos ser conscientes.

De este modo, para estar enfocados, tenemos que ser conscientes -conciencia basada en prestar atención-. (Véase la figura 5.1) Prestar atención puede ser la habilidad más rudimentaria que estamos viendo en la práctica para lograr el arraigamiento.

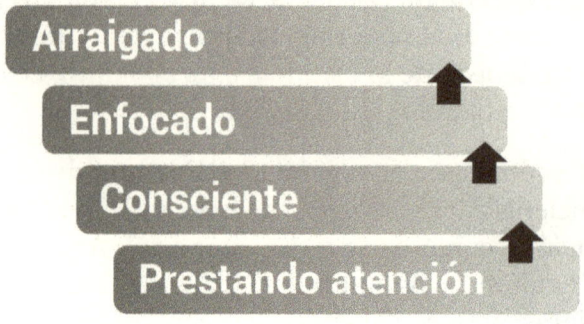

Figura 5.1

Teniendo esto en cuenta, la habilidad más básica para estar arraigado es prestar atención. ¿Cuántas veces en nuestra vida hemos escuchado a alguien decir: "¡Pon atención!"? Quizás hasta parezca trillado. Sin embargo, si no estamos prestando atención, no podemos ser conscientes. Si no somos conscientes, no podemos enfocarnos. Si no estamos enfocados, no estamos arraigados.

La pregunta ahora es: "¿A qué queremos prestar atención?". ¿Sinceramente? A todo. Presta atención a todo lo que ocurre en el momento presente. Por ejemplo, durante el aliento que estás tomando en este mismo momento.

Queremos prestar atención a nuestra respiración. Prestar atención a la respiración es una habilidad fundamental para estar arraigado. ¿Qué significa esto? Significa centrarse en la respiración, siempre.

Por supuesto, rara vez lo hacemos. Sin embargo, deberíamos intentarlo siempre. No escuches lo que te dice la mente. La mente nos da muchas razones para no concentrarnos en la respiración y del porqué es una pérdida de tiempo. Sin embargo, concentrarse en la respiración es tan sencillo como notar la respiración. Nota la respiración y luego concéntrate en ella. Así es como te conectas con la respiración. Tan solo eso será uno de los pasos más poderosos y de cambio de vida que harás para arraigarte a ti mismo. Esta conciencia prepara tu mente como a un practicante de Shaolin preparado para apoyarte mientras abordas cualquier cosa que se te presente.

Cuando tengas muchas cosas en tu mesa, concéntrate en lo que estás haciendo con tu respiración en ese mismo momento. Esto hará que tu respiración sea el punto focal, no la tarea.

La mente es una herramienta. Aplica la mente para prestar atención, notar, ser consciente, enfocarte y arraigarte en la respiración. La mente es la única herramienta con la que podemos lograr esto. Sin embargo, cuando la mente no está bien manejada, presenta desafíos para concentrarse. La mente arroja ideas y pensamientos al azar desde otra parte, o trae tareas y cosas que quiere que hagas, casi como si se opusiera a tus intentos de reclamar tu propiedad mental.

Curiosamente, al principio, cuando uno quiere concentrarse y tomar el control, la mente parece contrarrestar los esfuerzos. Es importante estar atento y firme en tus decisiones. Es imperativo no alimentar los pensamientos, sino atenerse a lo que está sucediendo en el momento de esta respiración. De lo contrario, las cosas pueden complicarse cuando nos dejamos llevar por el parloteo de la mente. En lugar de eso, nota el parloteo y centra tu atención en la respiración, eliminando tu atención del parloteo. Con el tiempo, esto enviará el mensaje a la mente de que no estás escuchando y el murmullo disminuirá. El silencio prevalecerá sobre el parloteo.

Elección de la Editora

Si estuvieras mejor preparado con un cubo de agua, podrías haber evitado que las llamas te envolvieran. Estar arraigado es nuestro cubo de agua.

Elección del Traductor

Cuando nos arraigamos, estamos preparados para lo que la vida nos lanza, incluso cuando no lo esperamos. Cuando estamos preparados, somos capaces de responder de forma constructiva.

Parloteo de la cabeza

En el capítulo anterior, practicamos ciclos respiratorios de diez cuentas mientras estábamos sentados en silencio durante cinco minutos. Es importante completar cada semana de práctica de la actividad antes de pasar a la siguiente. Si aún no has completado una semana continua, hazlo antes de pasar a la actividad de este capítulo.

Si estás preparado o preparada, añade dos minutos a los cinco minutos que practicaste la semana pasada, aumentando tu sesión diaria a siete minutos esta semana. Nada más cambia. Simplemente sigue concentrando tu atención en contar los ciclos de respiración y añade dos minutos.

¿Qué has notado en la última semana?

¿Notaste que surgían pensamientos mientras meditabas? ¿Cosas que de repente se volvieron urgentes? ¿O qué tal pensamientos similares a: «¿Qué haces sentado(a) aquí? Tienes cosas que hacer».

Es interesante que la mente se vuelva bastante activa cuando queremos sentarnos y estar tranquilos. Cuando esto ocurre, debemos hacer ajustes notando los pensamientos y volver inmediatamente nuestra concentración a la respiración, contando los ciclos respiratorios del uno al diez.

La mente está constantemente activa y los pensamientos surgen con frecuencia, pero no tenemos que dejarnos arrastrar por ellos. Esta es la importancia de la concentración. Cuando nos centramos en los ciclos de la respiración prestando atención, nos damos cuenta de dónde está nuestra concentración. Cuando somos conscientes de la respiración y contamos los ciclos respiratorios, esto ayuda a la mente y la mantiene ocupada, de forma similar a cuando le damos a un gato un juguete. El juguete sustituye a lo que el gato estaba prestando atención.

La mente humana es muy parecida. Si no estamos atentos, la mente puede secuestrarnos en cualquier momento, haciendo que contemos más de diez o que olvidemos fácilmente en qué número estamos. ¿Qué hacemos cuando esto ocurre? Algunos pueden entablar un diálogo autodestructivo. Si es tu caso, no lo hagas. Continúa contando los ciclos respiratorios durante siete minutos y desecha el deseo de señalar con el dedo.

Campo de entrenamiento mental

¿Para qué hacemos esto? Es un campo de entrenamiento para la mente. Estamos entrenando nuestra mente para: 1) Hacer lo que queremos que haga, y 2) Concentrarse y arraigarse. Las habilidades que adquieres al practicar la concentración y el recuento de los ciclos respiratorios entrenarán tu mente para mantenerte concentrado mientras estás ocupado y lidiando con situaciones estresantes. Estamos construyendo las habilidades para alejar nuestra mente de los pensamientos, las preocupaciones, los miedos y los escenarios con los que la mayoría de nosotros estamos familiarizados.

Durante los próximos siete días, sigue sentándote y contando los ciclos respiratorios. Al hacerlo, perfeccionarás importantes habilidades para darte cuenta de lo que hace tu mente. Observa cuándo está divagando y devuélvela a la respiración.

Práctica de concentración

Durante los próximos siete días, y en adelante, aplica la conciencia plena para notar la calidad de la concentración que experimentas en tus actividades diarias, como las siguientes:

- Cuando alguien habla
- Caminando por la calle
- Esperando en una fila
- Trabajando en una tarea
- Leyendo un libro o una revista
- Escribiendo un trabajo o un correo electrónico
- Con los amigos y la familia
- Observando tu entorno

Aquellos cuya mente está arraigada en los aspectos de la conciencia, sin aferrarse a nada, experimentan la libertad del apego sin aferrarse a nada, los deseos bajo control, están llenos de luz y libres de sufrimiento.
— Dhammapada 89

Productividad Consciente

"No tienes que controlar tus pensamientos. Sólo tienes que dejar de permitir que te controlen."–Dan Millman

En el capítulo cinco, discutimos cómo arraigarnos. Vimos el ejemplo de un practicante Shaolin sin estar arraigado durante una pelea y el resultado más probable.

Considera el diálogo mental del practicante de Shaolin que aparece a continuación y que se ve empujado a la auto-charla debido a la falta de práctica del concentrarse y del arraigo.

"Vaya, tengo hambre. Me olvidé de comprar barras de proteína".
"Vaya, ese tipo es grande. No tengo ganas de hacer esto".

Quedarse atrapado en los pensamientos aleatorios que la mente eructa, provocados por el entorno, los recuerdos, los sentimientos y otros estímulos, puede ser perjudicial para nuestra estabilidad y eficacia general. Estos pensamientos se convierten en distracciones que son la causa de que nos estresemos y perdamos de vista la tarea que tenemos entre manos. Este es el espacio en el que prestar atención es tan vital para el éxito de la práctica de la conciencia plena. Una práctica que apoya la conciencia, la estabilidad emocional y la calma.

Si el practicante se basa en la respiración y concentra la mente, se dará cuenta de los pensamientos aleatorios. Al no comprometerse con ellos, el practicante discierne inmediatamente los pensamientos como hábiles o no hábiles. Al hacer esto, en sólo una fracción de segundo, sabrá si los pensamientos merecen ser tratados o representan un peligro potencial.

Manteniendo la conciencia, se dan cuenta de los pensamientos aleatorios y vuelven a prestar atención a la respiración. Al devolver la atención a la respiración, mantienen un estado continuo de concentración y arraigo. Este es el espacio en el que queremos estar en todo momento. Cuando se mantiene este espacio en el momento presente, se fomenta una conexión con la vida y una visión más allá de la comprensión. Esto es algo que no se puede conseguir con pastillas o sustancias.

Ahora que tenemos una comprensión básica de cómo hay que gestionar la mente y los pensamientos aleatorios, comprendemos lo fácil que es desviarse del camino por un simple pensamiento. Aprendemos la importancia de mantener la concentración en el momento de la respiración para mantener el arraigo.

Anteriormente, hemos hablado del arraigo aplicando el concepto de ingeniería inversa. Ahora, damos un paso más y aplicamos el mismo concepto para lograr un estado de calma.

La calma es vital para fortalecer el poder de nuestra mente. A medida que continuamos entrenando la mente en el conteo de los ciclos respiratorios, nos volvemos más sensibles a los detalles sutiles y a las características que no habíamos notado antes, incluyendo los sentimientos, los pensamientos y las emociones.

Es sorprendente cómo la práctica de la conciencia plena nos abre de algún modo un milisegundo extra con el que trabajar. Tal vez sea porque aprendemos a ignorar los pensamientos aleatorios que plagan nuestra mente y nos damos cuenta del proceso de pensamiento problemático y de las creencias subyacentes que obstruyen nuestro pensamiento.

Así, la conciencia plena nos proporciona un tiempo extra para reaccionar y nos abre un sinfín de posibilidades. Con un tiempo adicional, incluso un milisegundo más, tenemos un momento para reflexionar y tomar una decisión mejor.

Al elegir los pensamientos que utilizamos, evitamos las reacciones no constructivas que pueden tener un control sobre nosotros sin que lo sepamos. Por ejemplo, en situaciones de estrés, podríamos evitar reaccionar de forma no constructiva si tuviéramos la sensibilidad necesaria para desactivar los pensamientos destructivos.

Dado que la conciencia plena nos otorga un momento, no podemos prescindir de ella. La calma es un estado importante que hay que cultivar para dar una respuesta correcta con raíz en un lugar arraigado.

Por lo tanto, una mente en calma nos hace ganar una fracción de tiempo que no tenemos sin ella.

Elección de la Editora

Muchas veces, estos pensamientos autodestructivos no son evidentes en la superficie de nuestra mente consciente. Se hacen más evidentes a medida que alcanzamos niveles más profundos de conciencia a través de la práctica.

Elección del Traductor

Cuanto más se le quiten las riendas a la mente, más se convertirá en una poderosa herramienta para nuestro éxito y mejora.

El rol de la calma

Apuntamos a mantener un estado de calma y relajación en todo momento. Cuando estamos tranquilos, es más fácil darse cuenta de los pensamientos y las emociones que ocurren en nuestra vida. Somos más hábiles a la hora de considerarlos como hábiles o no hábiles y responder en consecuencia. Podemos conseguirlo percatándonos del pensamiento y volviendo a prestar atención a la respiración. Tal vez, si se trata de un pensamiento destructivo y poco hábil, cambiarlo por uno positivo. Por ejemplo, cuando notes tu mente con el pensamiento autodestructivo "no puedo hacer esto", cámbialo por "puedo hacer esto". Después, vuelve a centrarte en la respiración.

Muchas veces, estos pensamientos autodestructivos no son evidentes en la superficie de nuestra mente consciente. Se hacen más evidentes a medida que alcanzamos niveles de conciencia más profundos a través de la práctica. A veces, los pensamientos autodestructivos pueden ser evasivos y fugaces, por lo tanto, la conciencia interna es importante para obtener una visión de nuestro proceso de pensamiento y creencias subyacentes.

Para estar tranquilos necesitamos estar quietos y la quietud se basa en estar arraigado. (Véase la figura 6.1). Cuando estamos arraigados, permitimos que la mente se calme al no involucrar los pensamientos que son continuamente expulsados. De nuevo, los pensamientos provienen del entorno, las situaciones, los sentimientos, los olores, los sonidos y las palabras que desencadenan ideas y recuerdos. Por supuesto, a veces son útiles, pero el reto es discernirlos como hábiles o no hábiles.

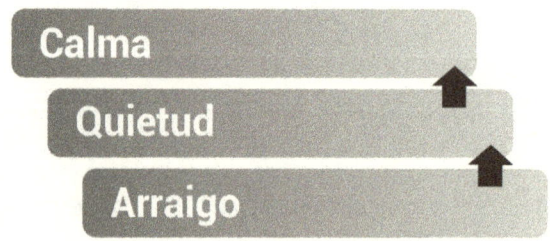

Figure 6.1

Para reiterar, la calma requiere la necesidad de estar quieto, que se basa en estar arraigado. Una vez que hayamos alcanzado un estado de arraigo, podemos centrarnos en estar quietos, descartando esencialmente cada pensamiento que nos asalte y centrándonos, en cambio, en la respiración. Algunas personas verbalizan todo lo que les viene a la mente, lo cual no es hábil.

Al escuchar, mostramos más interés por lo que dicen los demás. Cuando aplicamos esta habilidad, notamos una enorme diferencia cuando nuestra mente está parloteando y nos cuesta escuchar a través de todo el parloteo. Se puede ver en los ojos de una persona cuando experimenta este estado de caos mental. El contacto visual es débil, lo que hace evidente que no están escuchando todo lo que se dice. Esto no es una característica de las buenas habilidades interpersonales.

Al entrenar nuestra mente para estar quieta, cultivamos un estado de calma. La calma exterior alimenta la calma interior. Es a través de esta calma interior, basada en la expresión exterior de la calma, que alcanzamos el arraigo.

En calma, desarrollamos una conexión única con nuestra experiencia interior: las actividades de nuestra mente y nuestro cuerpo. Observamos las reacciones y las respuestas, y nos damos cuenta de los sentimientos y las emociones a medida que suben y bajan. En este estado, adquirimos una conciencia clara y profunda, al tiempo que elegimos las mejores formas de responder. Puede que pienses que sería un mundo demasiado perfecto. Es cierto, y nada de lo que tenga valor viene sin esfuerzo. Este pensamiento se aplica bien a la conciencia plena. Es difícil, pero los resultados son inestimables.

En lugar de reajustar cada vez que la mente enfoca una sensación o de rascar cada picor mental/físico que aparece, debemos seguir practicando la meditación y la quietud. Con ello, nos damos cuenta de lo que ocurre y tomamos conciencia de los pensamientos y sentimientos mientras nos centramos en la respiración. Al hacer esto, experimentamos el arraigo.

Una vez que estamos arraigados, seguimos aplicando las habilidades de prestar atención. Nos mantenemos alerta para no perdernos con pensamientos aleatorios. La quietud da paso a la calma. En la calma, entrenamos nuestra mente y nuestro cuerpo para familiarizarnos con la experiencia. Cuando la mente y el cuerpo están en calma, notamos una conexión con una energía comprensiva y creativa que no logramos durante el parloteo y el dramatismo de una mente poco hábil.

A lo largo de la semana siguiente, añade tres minutos a los siete de la semana pasada, aumentando el tiempo dedicado a sentarse a diez minutos. Continúa contando los ciclos respiratorios y observa el desarrollo de la calma. Nota los pensamientos a medida que surgen y vuelve a concentrarte en la respiración. Nota las reacciones internas a los pensamientos. Obsérvalos con curiosidad. Si te molestan, siéntelo y lleva la atención a tu respiración. Observa las emociones y sensaciones de tu cuerpo. Si los pensamientos te hacen feliz, nótalo. ¿Cómo te sientes? ¿Qué ocurre en tu cuerpo y en tu mente?

Recuerda que sólo se trata de sentimientos que suelen ser inducidos por sustancias químicas liberadas por el cuerpo, como las endorfinas o el cortisol. Y, por supuesto, pensamientos aleatorios mezclados con más pensamientos que siguen surgiendo. No reacciones en un sentido u otro, ni positiva ni negativamente. Sólo date cuenta de ellos y devuelve tu atención a la respiración. En caso de duda, concéntrate siempre en la respiración.

Hasta este punto, has estado contando los ciclos respiratorios así:

Al inhalar, cuenta "uno", exhala, cuenta "uno"; inhala, cuenta "dos", exhala, cuenta "dos"; inhala, cuenta "tres", exhala, cuenta "tres". Continúa hasta la décima cuenta y repite.

Tu mente debería estar más tranquila ahora en comparación con la de hace un par de semanas, cuando empezaste. A partir de aquí, contamos sólo con la exhalación, así:

Inhala, mientras exhalas, cuenta "uno"; inhala, mientras exhalas, cuenta "dos"; inhala, mientras exhalas, cuenta "tres". Continúa hasta la décima cuenta y repite.

Si te resulta difícil contar sólo en la exhalación, continúa contando como lo hacías hasta que te acostumbres a eliminar la cuenta en la inhalación. Todo el proceso que establecemos en este libro consiste en dar a la mente, lenta y metódicamente, menos espacio para jugar. Cuanto más se le quiten las riendas a la mente, más se convertirá en una poderosa herramienta para nuestro éxito y mejora.

Como alternativa al recuento de los ciclos respiratorios del uno al diez, algunas personas consideran que utilizar las cuatro palabras siguientes durante dos ciclos respiratorios es más eficaz para su meditación.

Comienza el primer ciclo pensando en " aparece " al inhalar y en " desaparece " al exhalar. Durante el segundo ciclo, piensa en "cambio" al inhalar y "nuevo" al exhalar.

Con este método, piensa cada palabra para ti mismo a mitad de la respiración. Dependiendo de tus preferencias, puedes probar ambos métodos y decidir cuál de los dos te funciona mejor.

En cada caso, recuerda no involucrar pensamientos y simplemente libéralos con la palabra "pensamiento".

Aquel que no se motiva a la hora de empezar -incluso el joven y fuerte- lleno de ignorancia, cuyo impulso y mente son débiles, este individuo perezoso y ocioso tendrá dificultades para alcanzar el verdadero conocimiento.
— Dhammapada 280

La Conciencia Plena y El Cuerpo

"No puedes elevarte más allá de la realidad externa e interna a menos que comprendas tu propia percepción." — Roshan Sharma

Ahora eres más consciente de tu respiración. Puede que notes cosas que antes no habías notado en tu experiencia física. Tal vez seas consciente del dolor, la incomodidad, el entumecimiento u otras sensaciones como el picor o un estornudo. Esto es una buena señal. Significa que estás más en sintonía con tu experiencia física.

Muchos de nosotros evitamos o descuidamos las sensaciones físicas en lugar de observarlas. Esto puede deberse a una mente ocupada o a un condicionamiento mental. Algunos pueden exagerar ciertas experiencias físicas hasta el punto de obsesionarse y pensar demasiado.

Tal vez te encorves cuando estés inmerso o te quedes atrapado en tu trabajo. La conciencia plena te da la habilidad de comprobar y ajustar tu postura y te ayuda a aliviar el malestar. Al examinar con frecuencia tu cuerpo y mantener la conciencia de las sensaciones físicas, apoyas a tu cuerpo y a tu mente en una actividad saludable.

Al igual que con la experiencia mental, queremos ser conscientes de la experiencia física: las sensaciones. Las sensaciones a las que nos referimos aquí son experiencias y sensaciones físicas estándar y cotidianas, como la brisa en la piel, la sensación de saciedad o la incomodidad y el entumecimiento de las extremidades por estar demasiado tiempo sentado. Aunque son elementos importantes, no deben ser el centro de atención. Deberíamos notarlos, pero volver a tomar conciencia de la respiración. Esto, por supuesto, no debe hacerse para causar o exacerbar complicaciones físicas que requieran atención médica. Si tienes dudas al respecto, busca primero el consejo de un médico profesional.

Sentidos receptores

Veamos cada uno de los Sentidos receptores a través de los cuales recibimos información y experimentamos la vida. Recibimos todos los estímulos del mundo interior y exterior a través de los Sentidos receptores. Filtramos las experiencias a través de la mente y así es como experimentamos la vida. La mente, o el cerebro, es un sentido receptor, pero también podemos considerarlo como la tarjeta madre del cuerpo.

Los sentidos receptores son:

- Los ojos (visión, imagen)
- Los oídos (audición, sonido)
- La nariz (olfato, aroma)
- La lengua (gusto, sabor)
- El cuerpo (tacto, sensación)

Filtramos la información de los cinco receptores mencionados anteriormente a través de la mente: el cerebro. Considera la posibilidad de recibir un exceso de información aleatoria en los diferentes receptores. El resultado de la sobrecarga sensorial del cerebro es el estrés. Piensa en una ocasión en la que te hayas encontrado en una situación caótica y un sonido fuerte te haya hecho responder de forma anormalmente brusca. Esta reacción fue probablemente el punto de inflexión causado por una acumulación de estrés ya presente.

Una mente no entrenada carece de conciencia y de habilidades para filtrar y responder a un exceso de información y estímulos. Cuando la mente no entrenada experimenta un exceso de presión como entrada sensorial, nos encontramos con altos niveles de estrés y ansiedad. Por eso debemos entrenar nuestra mente para que preste atención y sea consciente de las percepciones sensoriales de experiencias como las reacciones emocionales, las imágenes y los sonidos; la información que recibimos a través de los cinco Sentidos receptores: los ojos, los oídos, la nariz, la lengua y el cuerpo.

Familiarízate con la experiencia de los Sentidos receptores durante las próximas cinco semanas, dejando una semana para cada uno. Presta atención y observa las diversas experiencias. Puedes pensar: "¿cuándo no soy consciente de esto?". De hecho, la mayoría de la gente no se da cuenta de lo mucho que no nos damos cuenta. La mayoría de nosotros pasamos gran parte de nuestro tiempo en piloto automático, haciendo nuestras vidas, sin darnos cuenta de lo que ocurre en nosotros o alrededor de nosotros. Gran parte de la vida pasa de largo mientras nos centramos en el diálogo y las historias que tenemos en la cabeza.

Elección de la editora

Todo lo que experimentamos lo hacemos desde dentro.

Elección del traductor

La mente es el más difícil y el más poderoso de todos. Es la fuerza que está detrás de nuestros pensamientos y de cómo percibimos la realidad.

Familiarización con los Sentidos receptores

Mientras realizas el ejercicio mencionado durante las próximas cinco semanas, deja ir los pensamientos que intentan interferir con la práctica. Reconocer las respuestas y reacciones internas a la información es un aspecto esencial de la conciencia plena. Cuando interactúes con experiencias agradables o desagradables, fíjate en los pensamientos que surgen. Observa las respuestas emocionales y físicas. Date cuenta de cómo estas interacciones te afectan de forma positiva y negativa.

Empieza por profundizar y reflexionar sobre los motivos de las reacciones. Ábrete paso a través de cualquier rechazo y lo que descubras puede sorprenderte, incluso ayudarte a comprender algunas de tus peculiaridades. Considera la posibilidad de utilizar un diario o cuaderno para anotar cualquier cosa que notes o destaque. Más adelante, vuelve a tu diario y anota los cambios que veas en tu percepción.

Mientras observas tus experiencias, reconoce que todas las experiencias que percibimos provienen del interior. No hay nada fuera. Es imposible experimentar nada en el universo fuera de nuestra conciencia o de nuestro mundo interno. Todo lo que experimentamos lo hacemos desde dentro.

Para apoyar la conciencia aguda, coordiné cada sentido receptor con un color específico. Para prepararte para las próximas cinco semanas de práctica de los Sentidos receptores, reúne cinco trozos de cuerda que puedas llevar en la muñeca o cualquier cosa de ese color. Esto te recordará que debes prestar atención al sentido receptor de ese color durante la semana. Incluso puedes llevar ropa de ese color durante la semana o idear una alternativa para el color correspondiente a la semana para recordarte que debes practicar.

Los siguientes son los colores en correspondencia con su sentido receptor:

- amarillo - ojos
- verde - oídos

- blanco - nariz
- rojo - lengua
- azul - cuerpo

Cinco semanas para profundizar la conciencia

Primera semana-Visión consciente (amarillo)

Durante las horas que estamos despiertos, nuestros ojos reciben constantemente una gran cantidad de información. La mente filtrará entonces la información visual en función del nivel de importancia, decidiendo esencialmente a qué prestar atención y qué ignorar. O, al menos, eso creemos.

Aquí es donde la aplicación de la conciencia plena es importante. Muchas veces, cuando no estamos aplicando la conciencia plena, puede que no nos demos cuenta de algo que deberíamos, o que nos centremos demasiado en algo que no deberíamos. En cualquier caso, depende de nuestra capacidad para controlar nuestra línea de visión y manejar nuestro campo de visión.

Hay muchos objetos y detalles visuales en los que no nos fijamos. Muchas veces, al mirar algo, no lo vemos realmente. Creemos que lo vemos, pero no registramos la información de lo que hay: el detalle, el color, la textura o la integridad. Esto se debe a que damos por sentado que vemos las cosas a partir de una mirada en la superficie. Como hay tanto que ver, es posible que no veamos realmente nada importante.

Cuando somos conscientes de la influencia que tiene fijarnos en lo que vemos, podemos interactuar y responder mejor a ello, en lugar de reaccionar. Digamos, por ejemplo, que ves algo que te gusta. Lo más probable es que tengas una reacción positiva, un deseo aferrado de seguir mirándolo. "Me gusta esto, quiero más". Sin embargo, cuando vemos algo que no nos gusta, podemos reaccionar intentando apartarlo o cambiarlo. "No me gusta esto, quiero que desaparezca". Por lo tanto, es importante prestar atención a las diferentes reacciones que tenemos en las situaciones y notar las razones subyacentes del porqué.

Práctica de la visión consciente

Durante la próxima semana, practica la *visión consciente*. Empieza por encontrar algo que te resulte familiar, como algo que hayas mirado con frecuencia antes. Quizá una pared, una calle o cualquier cosa que te resulte familiar.

Después de completar al menos cinco minutos de meditación en silencio, dedica un par de minutos a observar el objeto mientras sigues centrando la conciencia en la respiración.

¿Qué notas que no habías notado antes? ¿Algún detalle o variación? Aunque estés familiarizado con el objeto, es posible que no te hayas dado cuenta de ciertos detalles o características del mismo si no hubieras aplicado la conciencia plena. Fíjate en lo que has visto y anótalo en tu diario.

Durante la próxima semana, acuérdate de vestirte de amarillo o de encontrar una alternativa para tener el color amarillo a la vista como recordatorio para que practiques la *visión consciente*.

Segunda semana - Escucha consciente (verde)

Nuestros oídos están constantemente ocupados captando sonidos de todas las direcciones. Oímos sin pensar. Nuestra audición está en piloto automático la mayoría de las veces. Al igual que con los ojos, el cerebro filtra los sonidos dentro del rango de audición. Muchos sonidos pasan desapercibidos, pero cuando somos conscientes de sonidos en los que antes no habíamos reparado o prestado mucha atención, podemos descubrir nuevas fascinaciones en el mundo.

La mayoría de nosotros percibimos los sonidos que están más cerca o a los que somos más sensibles, como una madre que oye el llanto de un niño. ¿Cómo reaccionamos ante el claxon de un coche, un vehículo de emergencia, el timbre de nuestro teléfono móvil o el timbre de la puerta? Estos sonidos son el tipo de notificaciones que nos condicionan a percibir. Por el contrario, ¿qué pasa con los sonidos ambientales, los sonidos de la naturaleza, las cosas que suceden a nuestro alrededor como los sonidos del entorno?

También podemos escuchar los sonidos de nuestro cuerpo, como los de la digestión, el aire que sale del estómago, la tos o el estornudo. Tal vez el sonido de una articulación al crujir, el roce del oído o el sonido del castañeteo de los dientes.

Muchas veces, cuando estamos en un momento de gran concentración, ocupados en algo, puede que no nos demos cuenta de los sonidos que nos rodean. La mente bloquea estos sonidos ambientales. Sin embargo, notamos estos sonidos sin dejar que nos distraigan con el conocimiento de saber a qué sonidos responder, incluso cuándo o cómo.

Practicar la *escucha consciente* es algo positivo durante las conversaciones y reuniones. Concéntrate en lo que dice el interlocutor. Escucha con atención. Observa los pensamientos que surgen durante su discurso y aférrate a la respiración mientras escuchas. Cuando nos centramos en la persona que habla y no en nuestros pensamientos o respuestas, escuchamos más. Esto nos permite responder de la manera más beneficiosa para la conversación.

Durante la segunda semana, mientras meditas a diario, aplica la *escucha consciente* concentrándote en tu respiración y escuchando los sonidos que están lejos. Dependiendo del lugar donde estés meditando, los sonidos que escuches variarán. Podría ser el sonido de un sistema de ventilación, pero otras veces podrían ser los sonidos de los pájaros o el viento susurrando entre los árboles.

Rara vez pensamos en la diversidad de la naturaleza. Por ejemplo, cuando oímos el cantar de los pájaros, quizá no consideremos que no es el mismo pájaro que cantaba ayer. Lo más probable es que cada pájaro o animal que oímos en el exterior no sea el mismo que habíamos oído antes. La naturaleza tiene muchos sonidos que damos por sentados, como el sonido del viento o de la lluvia. Fíjate en los detalles y las características de cada experiencia como si fuera la primera vez que la vives.

Escucha los sonidos que están lejos. Entrena tu mente para escuchar los sonidos más lejanos, prestando menos atención a los que están cerca. Esto te ayudará a ser más consciente de tu entorno. Cuando te sientes en tu escritorio o trabajes en un proyecto, te darás cuenta de los sonidos y ampliarás tu conciencia de forma orgánica mientras mantienes la concentración en la respiración.

Durante la semana de esta práctica, asegúrate de vestirte de verde o diseña alguna forma de tener el color verde a la vista como recordatorio de que estás practicando la *escucha consciente*.

Tercera semana - Olfato consciente (blanco)

Desde el principio de nuestra práctica de meditación, hemos involucrado a la nariz. La nariz es el punto central de la meditación. Es el punto en el que nos centramos en el ciclo de la respiración: la inhalación y la exhalación. Sentimos el aire frío al inhalar y el aire caliente al exhalar. Podemos notar la sensación de la respiración en la punta de la nariz y en el labio superior. Este es un principio central de la práctica de la meditación y también se aplica a la práctica de la conciencia. Cuando trabajamos duro en nuestros escritorios, posiblemente experimentando ansiedad por una fecha límite, queremos centrar nuestra atención en la punta de la nariz, las fosas nasales o el abdomen. Esto se hace para conectar con la respiración y estar más concentrados en la tarea.

Experimentamos un mundo de olores, hedores y aromas a través de la nariz. Cuando olemos algo, ésta envía un mensaje a nuestro cerebro. Todos podemos reaccionar de forma diferente a los distintos olores. Ahora mismo, piensa en un olor que te guste. Si es comida, ¿Salivas cuando piensas en ella? ¿Notas un deseo? ¿Y si el olor es desagradable? ¿Mueves la mano delante de tu nariz? ¿Evitas el olor? Todos reaccionamos a las cosas a partir de condicionamientos provocados por experiencias o situaciones anteriores. Puede que el olor sea nuevo para ti, pero todavía tienes información a la que referirte en tu mente que categorizará el olor en un grupo que obtiene diferentes reacciones. Lo más probable es que estas categorías sean alguna variante de " gusto" o " disgusto".

Durante la tercera semana, practica el *olfato consciente*. A lo largo de esa semana, tómate tiempo para oler muchas cosas diferentes, algunas familiares y otras no. Fíjate en lo que hueles y experimenta sus cualidades innatas, evitando juzgarlo como agradable o desagradable. Mezcla los olores. Huele cosas que te resulten familiares, otras que no, otras que te despierten el deseo o incluso otras que evites. Hazlo con conciencia plena. Mientras percibes los olores a lo largo de la semana, conéctate con tu respiración y observa tu diálogo interior y tus reacciones emocionales. Oler ciertos olores también provoca la liberación de endorfinas en nuestro sistema, una hormona natural que se encuentra en el cerebro y que nos hace sentir felices cuando se libera. Un aroma popular que libera endorfinas es la vainilla, pero experimenta con una serie de olores y observa las reacciones de tu cuerpo y tu mente.

Aprender a tomar conciencia de las reacciones internas a los olores nos ayuda a ser conscientes de las reacciones físicas y mentales en otras situaciones. Si el olor es agradable, intenta olerlo sólo como tal y evita asociar pensamientos agradables a él. Mantén lo básico. Deja que sea "un olor" sin otras etiquetas. Lo mismo ocurre con un olor que te resulte desagradable. Permítete olerlo sin juzgarlo, elimina las etiquetas y simplemente observa las cualidades del olor. ¿Cuáles son las cualidades que notas? Utiliza palabras descriptivas que no conlleven juicio, como dulce, agrio, almizclado o picante. Mientras lo haces, fíjate en las percepciones personales y anótalas en tu cuaderno.

Durante la semana de esta práctica, asegúrate de vestirte de blanco o diseña alguna forma de mantener el color blanco a la vista como recordatorio de que estás practicando el *olfato consciente*.

Cuarta semana - Gusto consciente (rojo)

El gusto es un sentido poderoso. Apoya nuestra necesidad de comer. Si no podemos saborear, no disfrutaremos comiendo. La nariz también contribuye a la experiencia del sabor. La mayoría de nosotros sabemos que cuando tenemos la nariz tapada, la comida no es tan sabrosa. Cuando saboreamos u olemos algo que nos gusta, se envían señales a nuestro cerebro que provocan una liberación de endorfinas en nuestro sistema. Ciertos alimentos son más aptos para provocar una liberación de endorfinas que otros. La mayoría de los sabores pueden clasificarse en los cuatro básicos: dulce, ácido, amargo y salado.

Al igual que con el *olfato consciente*, practica la sensibilidad a una variedad de gustos y sabores. Concéntrate en tu respiración mientras comes y ralentiza el proceso de alimentación. La mayoría de nosotros no masticamos lo suficiente para saborear realmente la comida. Intenta ir más despacio y masticar más de lo que estás acostumbrado.

Puedes notar que, a pesar de querer masticar más, tu cuerpo está acostumbrado a masticar sólo unas pocas veces antes de que la lengua y la garganta empiecen a anticiparse para mover la comida hacia el estómago. Notar este tipo de pensamientos y reacciones subyacentes requiere una mente concentrada y aguda. Si aún no has alcanzado esa sensibilidad, seguirás observando otras reacciones y pensamientos que son más notables a medida que aumenta tu sensibilidad.

Nota los sabores. ¿Cambian cuando se mastica más que cuando se mastica menos? Masticar más es bueno para nuestro sistema digestivo y para una mejor absorción de los nutrientes. Por lo tanto, es un buen hábito para adoptar.

Durante la semana que dure esta práctica, asegúrate de vestirte de rojo o diseña alguna forma de mantener el color rojo a la vista como recordatorio de que estás practicando el *gusto consciente*.

Práctica sencilla de comer consciente

El comer consciente es una buena manera de darse cuenta de las reacciones del cuerpo y la mente provocadas por los sabores. Planea hacer esto como una práctica de meditación sentada. Te sugiero que prepares unas cuantas chispas de chocolate o pasas para utilizarlas durante la práctica.

1. Siéntate como lo harías para una meditación normal y tómate unos minutos para conectarte con la respiración.

2. Coge unas chispas de chocolate o unas pasas y huélelas durante 15 o 30 segundos. ¿Qué reacciones físicas o mentales notas?

3. Ahora, colócalo en tu lengua. No la mastiques, sólo colócala en tu lengua durante 30 segundos o un minuto. Fíjate en cualquier reacción o cambio físico o mental. ¿Qué ocurre?

4. Dale un mordisco. No lo mastiques. Mantenlo durante 30 segundos. ¿Qué estás experimentando?

5. Ahora, mastica lentamente. Concéntrate en la respiración y fíjate en la experiencia.

6. Cuando estés listo o lista, puedes tragar. Ahora, siéntate en silencio y contempla la experiencia. Anótalo en tu cuaderno.

Quinta semana - Cuerpo consciente (azul)

Cuando hablamos de *cuerpo consciente*, implica muchas partes. Incorpora el órgano corporal más grande: la piel. El cuerpo nos ofrece muchas áreas en las que centrarnos y nos llevará tiempo acostumbrarnos a prestar atención a los numerosos aspectos del cuerpo. Tómate tu tiempo. El cuerpo puede experimentar muchas sensaciones, como picor, pellizco, dolor, cosquilleo, calor, frío, rubor, y mucho más. Si consideramos el interior del cuerpo, también hay una gran cantidad de sensaciones que podemos experimentar, como contracciones, dolor en las articulaciones, picor de garganta, rigidez y dolor muscular, o incluso sensaciones de los líquidos y alimentos que tragamos.

La conciencia de las sensaciones es una parte importante de la experiencia corporal. Como siempre, mantén la consciencia de los ciclos respiratorios: inhalar y exhalar. En un ciclo respiratorio completo, nota el aire frío de la inhalación en contraste con la exhalación más cálida. Observa cómo se expande y se contrae tu abdomen. Tal vez notes que los músculos del diafragma se tensan menos, ya que la respiración abdominal se ha vuelto más natural.

Lentamente, practica la expansión de la conciencia a todo tu cuerpo. Siéntate en silencio. Siente tantas partes del cuerpo como sea posible. Intenta abarcar todo tu cuerpo y practica experimentarlo como una unidad en tu mente. Esto puede llevar algún tiempo, pero es una práctica valiosa para el entrenamiento de la mente.

Al principio, como si se tratara de una exploración del cuerpo, empieza por una zona preferida de tu cuerpo y amplía lentamente tu conciencia para abarcarla en su totalidad. Capta todo lo que puedas al principio y continúa la práctica a medida que vayas ampliando la conciencia. Al hacerlo, tus exploraciones corporales también se volverán más rápidas y eficaces.

Con el tiempo, serás capaz de realizar un escaneo corporal de forma instantánea, llevando todo el cuerpo a tu ámbito de conciencia y notando las áreas que necesitan relajación al exhalar, incluyendo la tensión que necesita ser liberada o la postura que necesita ser ajustada.

Practica aumentando la sensibilidad a una variedad de sensaciones. Fíjate en las sensaciones y sentimientos que experimentas fuera de tu conciencia cognitiva. Puede tratarse de cualquier cosa, desde una ligera brisa o corriente de aire que roce tu piel hasta un proceso corporal interno. Fíjate en la sensación del agua en tu piel y en cómo reacciona tu mente a las diferentes temperaturas. Esto es algo que puede realizarse fácilmente mientras te duchas o te lavas las manos.

Algunas de las sensaciones que notes pueden ser una forma de dolor o tensión muscular. Centrarse en estas zonas y respirar hacia ellas puede ayudar a aliviar las sensaciones incómodas. Libera el malestar con la exhalación. Nota y vuelve a centrarte en la respiración. Evita juzgarlas y simplemente percibe que son una sensación. Observa las reacciones mentales y cualquier proceso de etiquetado mientras practicas.

Practica siempre de acuerdo con los consejos de los profesionales médicos. Nunca ignores las situaciones en las que se debe buscar tratamiento médico.

Durante la semana que dure esta práctica, ponte el color azul o diseña alguna forma de tener el color azul a la vista como recordatorio de que estás practicando el *cuerpo consciente*.

La Mente (púrpura)

El Sexto *Sentido Receptor* es la mente. La mente es el más difícil y el más poderoso de todos. Es la fuerza que está detrás de nuestros pensamientos y de cómo percibimos la realidad.

El Dhammapada explica bien los aspectos de la mente.

Las condiciones en las cuales nos hallamos actualmente son el resultado de nuestros anteriores pensamientos. Si una persona habla o actúa motivada por un mal pensamiento, el dolor irá tras ella, como la rueda del carro tras la pezuña del buey que lo arrastra.

Las condiciones en las cuales nos hallamos actualmente son el resultado de nuestros anteriores pensamientos. Y si una persona habla o actúa motivada por un buen pensamiento, la dicha le seguirá en todo momento, como la sombra compañera sigue a un viajero.
Dhammapada 1:1-2

La mente está constantemente en el centro de los seis receptores, ya que desempeña un papel importante en el control y la conducción de los seis. Sin embargo, es importante que seamos nosotros los que controlemos la mente.

Durante la sexta semana, practica la combinación de los seis receptores sensoriales y presta mucha atención a los pensamientos y emociones que emanan de la mente.

Uniendo los colores

Mientras trabajas en cada una de las cinco semanas hacia una conciencia más profunda, tu mente notará naturalmente cosas de las semanas anteriores de práctica. Por ejemplo, en la primera semana, trabajaste los ojos (amarillo) y en la siguiente, los oídos (verde). A medida que practiques la *escucha consciente* a lo largo de la semana siguiente, es posible que también notes cosas relacionadas con la *visión consciente* de la primera semana. Esto es maravilloso.

Muestra que estás en el camino de incorporar las prácticas a tu conciencia y permitir que ocurran de forma orgánica.

A medida que sigas practicando, se convertirán en algo natural. Te darás cuenta de las cosas y mantendrás la conciencia expandida en un espacio interno tranquilo y pleno, mientras te dedicas al momento.

Has comenzado a establecer un flujo de conciencia subyacente que crea una base para la concentración y el arraigo. Esto lleva a mejorar el estado de ánimo, la productividad y las relaciones.

En definitiva, esta es la nueva normalidad: la conciencia de los seis sentidos receptores, sus interacciones e influencias en cada momento.

El que antes era imprudente y después se volvió sobrio, ilumina este mundo, como la brillante luna liberada de la sombra de las nubes.
— Dhammapada 172

La sabiduría del cambio

"El mundo que hemos creado es un proceso de nuestro pensamiento. No se puede cambiar sin cambiar nuestra forma de pensar."
— Albert Einstein

Nada puede existir sin cambio. Nada puede sobrevivir sin cambio. Cuando observamos los ciclos de la naturaleza, vemos la expresión más flagrante de cambio en las estaciones.

El otoño es la estación en la que observamos la muerte estacional de la vida vegetal y de los insectos. Es el periodo en el que los animales se preparan para la hibernación en espera de los próximos días más fríos del año. La primavera, en cambio, es la estación más celebrada en las tradiciones humanas. Las celebraciones en torno a la primavera se dan en todo el mundo. La mayoría de estas celebraciones se basan en viejas y antiguas tradiciones. Aunque muchas han perdido su verdadera esencia, todavía se celebran, algunas dentro de comunidades más pequeñas.

El motivo principal de estas celebraciones es alegrarse por el regreso de los días más cálidos, la hierba fresca y verde y las hermosas plantas en flor, todo lo cual es una señal eterna para la humanidad de que el sustento volverá a ser abundante.

En el mundo actual, muchos parecen menos conscientes del profundo significado de los cambios de estación. La humanidad moderna sólo se ve afectada ligeramente por estas transiciones, ya que hemos perdido gran parte de nuestra conexión innata con la naturaleza.

Por supuesto, muchas veces vemos estos cambios estacionales desde la comodidad de nuestros hogares. Los juzgamos desde la perspectiva de su influencia directa, ya sea de facilitar o dificultar, nuestra vida cotidiana. No notamos estas transiciones desde un lugar consciente de aceptación y espacio de no juicio, simplemente reconociendo su importancia.

Observa el cambio

El cambio es un componente enorme de nuestra existencia. Desde nuestro primer aliento hasta el último, el cambio es la única constante en nuestras vidas. También es algo que muchos se condicionan a rechazar y que no todos aceptan fácilmente. Sin embargo, es algo que todos deberíamos aceptar profundamente.

Reconocer que el cambio es constante y no estático es el primer paso para encontrar la paz mental y la felicidad en la vida. Tomemos, por ejemplo, la pérdida de un querido amigo. Tienes un lugar vacío en tu corazón que nadie más puede llenar. El efecto dominó es fácil de imaginar teniendo en cuenta la influencia que el dolor emocional tiene en nuestras respuestas ante la vida.

En el mundo actual, impulsado por lo material, el dinero también es un factor importante. Con los medios de comunicación que pregonan la "perfección" y el éxito alcanzado de formas que no se ajustan a la realidad o la presión constante por conseguir más, se hace más cuesta arriba. Sin las herramientas para recorrer el arduo camino, muchos fracasan.

La expresión china "静观其变 En silencio, observa el cambio", nos aconseja estar tranquilos y observar los acontecimientos de nuestra vida y el cambio que se produce.

Equilibrar el cambio requiere una base, perspicacia y sensibilidad. A veces, encontramos formas de trabajar con el cambio. Otras veces, tenemos que practicar la aceptación del cambio. Por otro lado, la peor respuesta es luchar contra él. Cuando lo hacemos, nos agotamos y devolvemos energía contraproducente al universo. Esto puede tener un efecto negativo en nuestras vidas y situaciones, magnificando el efecto dominó.

Cuando consideramos la expresión "En silencio, observa el cambio", el silencio es el estado adecuado para el aprendizaje, la observación es la clave de la comprensión y la sensación de satisfacción es el fruto de la aceptación. Cuando el resultado no es el que esperábamos, nos damos cuenta de la sabiduría del cambio. A través de la aceptación, encontramos una satisfacción que va más allá de la comprensión.

Al aplicar la conciencia plena a situaciones o cambios difíciles, nos hacemos más conscientes de los matices agudos del cambio. Entonces aprendemos el poder de la aceptación. En otras palabras, no quedarnos atrapados en el proceso de pensamiento que nos lleva a meternos en un abismo que culmina en angustia emocional y física. Aplicando la conciencia y arraigándonos en la respiración, somos más conscientes y aceptamos el flujo y reflujo del cambio con la comprensión de que nada es estático. Las cosas cambian. Un amigo se ha ido, otro llegará.

Muchas veces, lo que ocurre es que nos dejamos llevar por las emociones de una situación. La ira, la frustración, el miedo, la ansiedad... una variedad de reacciones ante situaciones que abordamos con una actitud negativa como "esto no es lo que quiero" o "esto no es bueno". Cuando etiquetamos las situaciones con esas palabras, se crean reacciones emocionales profundas. Si no somos conscientes, acabaremos en una posición menos propicia para conseguir los resultados que esperamos. Al igual que los sistemas operativos que manejan nuestros ordenadores, la mente subconsciente puede tener un dominio sobre nuestras vidas, creando confusión y desafíos a cada paso. Las reacciones internas a las palabras y las emociones que surgen desde lo más profundo de nuestra mente son algunas de las experiencias más desafiantes con las que nos enfrentamos. Son las cosas que más debemos atender si queremos avanzar hacia nuestro potencial.

Solía tener problemas de ira. Era como un fuego dentro de mi estómago que explotaba incontrolablemente cuando se desencadenaba. Las inseguridades susurraban constantemente palabras destructivas desde los bordes de mi mente. Los miedos y los condicionamientos levantaban la cabeza en cualquier momento para empujarme a la mugre que yo mismo había creado.

Para muchos de nosotros, las palabras y frases que residen en nuestra mente dan forma a lo que somos. Las que no son hábiles y se muestran constantemente, nos mantienen encerrados en un lugar de sumisión a las palabras, frases e ideas que apoyan una historia interior destructiva. Sin cambiar la historia interior, no podemos lograr un cambio constructivo en nuestras vidas que nos dé la oportunidad de convertirnos en la mejor versión de nosotros mismos que estamos destinados a ser.

Si quieres cambiar tu cuerpo, hace falta un trabajo constante y persistente. Todos sabemos que el cambio real requiere un esfuerzo real. Lo mismo ocurre con la mente. Cuando queremos mejorar nuestra vida, debemos ser capaces de prestar atención para poder ver lo que pasa por nuestra cabeza y comenzar el proceso de cambio.

> *El cambio es la clave del éxito y la aceptación*
> *es la clave del cambio exitoso.*

Podrías leer esto unas cuantas veces antes de continuar.

Si te sientes estresado, simplemente siéntelo. No reacciones a ello. No conviertas el estrés, la frustración o cualquier cosa destructiva en un tema de tus conversaciones o diálogos internos. Aquí es donde entra en juego la conciencia plena. Fíjate en los diálogos autodestructivos que tienes en la cabeza, levanta las banderas rojas sobre ellos y, a continuación, vuelve a centrarte en la respiración.

Nota la duración y las características de cada respiración. Esto puede sonar extraño, pero a medida que te familiarices con tu respiración prestándole más atención, notarás ligeras variaciones y aspectos de la respiración que no habías notado antes. De hecho, la práctica de concentrarte y arraigarte en la respiración te lleva a realizar cosas que antes no habías notado. Esto podría considerarse una forma de iluminación, algo que la mayoría de la gente malinterpreta. Algo parecido a una ola repentina de realización de otro mundo, sin embargo, esto no es necesariamente cierto. La iluminación es un proceso gradual directamente relacionado con la sensibilización sutil de la conciencia plena basada en una mente-corazón en calma y tranquilidad.

Pensar o no pensar

Pensar no es una opción más que respirar o que un corazón que late. El cerebro piensa. Eso es lo que hace. No se detendrá hasta que deje de recibir oxígeno.

Ahora bien, esto no quiere decir que la cognición, o el pensamiento, no pueda ralentizarse o acallarse. No hay manera de apagarlo por completo. Por no decir que probablemente no sería una buena idea. Sin embargo, cuando somos capaces de acallar la actividad cerebral, podemos conectar mejor con nuestro verdadero yo y nuestros procesos de pensamiento.

El cerebro es como una grabadora que documenta y recuerda información. Al igual que esas molestas ventanas emergentes de la web, la mente subconsciente puede lanzar pensamientos al azar a la mente consciente en un momento posterior. Estos pensamientos a veces pueden ser frustrantes o pueden captar nuestra atención y llevarnos a una ramificación de pensamientos sin ton ni son. Parecen surgir de la nada, provocados por una palabra, una imagen o un sonido. Cualquier cosa puede desencadenar un recuerdo, incluso una experiencia visceral expresada a través de un pensamiento.

Me encanta la frase: "Yo no soy mis pensamientos y mis pensamientos no son yo". Es bastante liberador considerar esta novedosa idea. ¿Cuántos de nosotros nos hemos sentido mal por algo que cruzó nuestra mente? Recuerdo que me preguntaba si algo estaba mal en mí, incluso me cuestionaba si era una mala persona, simplemente por los pensamientos que pasaban por mi cabeza. Ahora, sin embargo, me doy cuenta de que no es así y que el cerebro es una máquina de pensar al azar.

Desde aquellos días en que dudaba de mi propio carácter, he tomado el control. Ahora pienso por mí mismo lo que antes dejaba en manos del cerebro. Aunque, a veces, sigue siendo confabulador e inserta pensamientos gratuitos que compiten por mi atención para desviarme del camino cuando no estoy atento. Por lo tanto, es imperativo gestionar nuestros pensamientos y no dejar que nos desvíen. Esto se consigue manteniendo la conciencia prestando atención. Sólo así podré mantener mis pensamientos en el camino correcto.

De nuevo, pensar no es una opción. Sin embargo, la gestión de los pensamientos en los que me involucro y los que dejo ir, es mi elección.

La progresión de los pensamientos

Los pensamientos vendrán, pero a veces aparecen como una tormenta. Un pensamiento puede desencadenar una avalancha en la mente. Si estos pensamientos son destructivos, furiosos, temerosos o forman emociones de baja vibración, lo más probable es que no conduzcan a resultados positivos y edificantes. Estos son los pensamientos de los que queremos ser conscientes. Estos son los pensamientos que nos hacen hacer, sentir, pensar o decir cosas que podemos lamentar.

Por supuesto, tampoco todos los pensamientos felices son buenos. Piensa en la persona arrogante que sólo habla de sí misma y de lo grande que es. Este es el resultado de una mente autoconsumida. También son pensamientos destructivos que nos tientan a enamorarnos de nosotros mismos con semillas de egoísmo, codicia y un sentimiento de privilegio.

Nos esforzamos por mantener estos pensamientos y emociones a raya y bajo control. Esto se consigue mediante la conciencia constante de los pensamientos en la mente y la práctica de la conciencia de las emociones que desencadenan. Una vez que permitimos que las emociones entren en acción, estamos luchando una batalla cuesta arriba.

Cuanto antes nos demos cuenta de estos pensamientos y emociones no hábiles, antes podremos liberarlos con la exhalación y dejar que sigan adelante. Estas expresiones de pensamientos emocionales nos hunden y emiten energía negativa y dañina en nuestras relaciones y en nuestra vida diaria. Si notas un pensamiento destructivo similar a "odio a esa persona" o "soy mejor que ella en esto", sustitúyelo por "amo a esa persona" o "ambos somos buenos en esto, sólo tenemos un enfoque diferente".

En cuanto a la palabra "odio", siempre evito soltar la bomba "O". Incluso el uso de la palabra para expresar una actitud casual hacia un lugar o cosa sigue encarnando una poderosa energía negativa.

Los pensamientos seductores y tentadores pueden ser un reto aún mayor. Estos pensamientos nos atraen y nos cautivan porque los disfrutamos. Nos hacen sentir bien cuando nos dejamos llevar por su hipnotizante encanto. Este tipo de pensamientos se aprovechan de nuestras debilidades rumiantes de antojos y otros deseos.

Cuando los pensamientos seductores aparecen en nuestra conciencia, debemos tratarlos igual que los pensamientos destructivos. La mente no entrenada atrae y aleja. Atrae los pensamientos tentadores y seductores y aleja las cosas que no considera deseables. Por eso tenemos reacciones instintivas a las cosas que no nos gustan, casi como si no hubiéramos pensado en ello. Una cosa es segura, no somos conscientes de ello hasta que el daño está hecho. El ansia y el deseo son lo mismo. Nos dejamos llevar por el proceso de los pensamientos y mordemos el anzuelo.

Prestar atención y ser consciente es imprescindible a la hora de gestionar los pensamientos. Cuando notamos los pensamientos emocionales, positivos o negativos, pueden convertirse en una trampa para la mente no entrenada.

Ahora bien, ¿qué pasa si mordemos el anzuelo? Bueno, eso es lo que seguramente ocurrirá y lo primero que hay que hacer es, al igual que cuando perdemos la cuenta al completar el ejercicio del ciclo respiratorio, simplemente, volver a empezar. Olvidar el error y seguir adelante. Por supuesto, al igual que en el caso de perder la cuenta, queremos examinar la razón por la que ha ocurrido para poder mejorar nuestro juego con la mente y comprender mejor sus trucos y hábitos.

La autocompasión es de vital importancia para el éxito de la práctica de la conciencia plena. Cuando somos más tolerantes con nosotros mismos, somos capaces de reconocer nuestras imperfecciones sin auto-torturarnos después de cada error. A continuación, aprendemos a ofrecer esa misma autocompasión en nuestras interacciones con los demás mediante la comprensión.

Con el tiempo, esta sencilla práctica aumenta la calidad de las relaciones e interacciones. También mejorará nuestras habilidades interpersonales. A medida que vayas perfeccionando y adoptando esta práctica, te asombrarás de cómo impregna y compromete los múltiples aspectos de tu vida.

La brecha entre los pensamientos

Me gusta la frase "Concéntrate en la brecha entre los pensamientos". Tiene muchas perspectivas que nos permiten considerar las brechas incluidas en los pensamientos. Estas brechas son lo que consideramos el espacio silencioso, que es en lo que queremos concentrarnos.

Cuando nos centramos en el espacio silencioso entre los pensamientos, somos más propensos a hacer que ese sea nuestro foco de atención en lugar de los propios pensamientos. Por lo tanto, tendemos a prestar menos atención a los pensamientos que a los espacios entre ellos. Cuando logramos esto, somos capaces de comprometernos con los pensamientos que elegimos y estamos más en contacto con nuestro ser central. Este es el espacio del que surgen las habilidades creativas mejoradas y las nuevas ideas. La creatividad surge del silencio de la mente, no del parloteo.

Durante un torrente de pensamientos, la brecha es más difícil de encontrar. En ese caso, vuelve a centrarte en la respiración y cambia el enfoque del ojo de la mente. Devuélvelo a la respiración. Cuando estés luchando con los pensamientos y la mente, empieza a contar los ciclos de la respiración.

Los pensamientos pueden ser difíciles de controlar y también pueden ser furtivos, casi evasivos. He experimentado meditaciones en las que parecía que se libraba una batalla en mi cabeza. La mente me imponía pensamientos a los que no quería prestar atención. Sentía que tenía que apartar la atención de las cosas que la mente me empujaba. Me arraigué contando los ciclos de la respiración. Seguirá ocurriendo, pero al final la mente se debilita.

Una vez que hemos empezado a experimentar la nueva quietud, seguimos avanzando. Con el tiempo, centrarse en lo bueno se convierte en una segunda naturaleza, y la mente se aquieta.

Aquietar la mente

Aquietar la mente es un proceso que lleva tiempo. No hay una cantidad específica de tiempo porque cada persona es diferente y aplicará diferentes cantidades de energía a su práctica. Si tu meditación es cómoda y agradable, es muy poco probable que experimentes muchas transformaciones. Si, por el contrario, estás dispuesto a esforzarte aumentando la frecuencia con la que te sientas a meditar, junto con prácticas de pensamiento consciente a lo largo del día, experimentarás una mayor cantidad de transformaciones. Lo importante es que sigas esforzándote si quieres experimentar un cambio sorprendente en tu vida.

Establecer un ritual de meditación diario y cumplirlo es lo primero y más importante para aquietar la mente. Una mente quieta es la base de muchas facetas, como una mejor concentración y una mayor productividad. Cuando trabajamos con una mente aquietada, no tenemos todas las distracciones de una mente bulliciosa. Podemos sentarnos, concentrarnos en la tarea que tenemos entre manos y terminarla con tiempo de sobra. La aplicación de una mente quieta a través de la práctica de la conciencia plena es una gran manera de gestionar el tiempo.

Establece una rutina diaria y asegúrate de cumplirla. Te darás cuenta de cómo la mente te trae continuamente cosas que hacer o preguntas sobre lo que estás haciendo. Este es el momento de mantener tu atención únicamente en la respiración. Sigue la respiración y cuenta los ciclos respiratorios.

Si abandonas tu rutina de meditación o flaqueas durante algún tiempo, ciertamente cuando retornes, será un reto lograr la meditación que habías estado realizando. En este caso, esencialmente hay que reconstruir la práctica. El proceso no es agradable, pero hay que hacerlo.

Meditar a diario es el aspecto más importante para establecer una práctica eficaz, incluso en tu tiempo libre en cualquier lugar. Mientras esperaba un vuelo de conexión en mi viaje por el Pacífico, a menudo buscaba una zona oscura en el aeropuerto, me sentaba sobre mi abrigo o mis zapatos y meditaba. Era consciente de la gente que caminaba a mi alrededor, de los anuncios del sistema de megafonía y de la variedad de sonidos y sensaciones que me rodeaban. Sin embargo, pude completar mi meditación. Es importante tomarse siempre un tiempo para meditar y concentrarse en la respiración.

Encontrar el espacio entre los peces

Imagina que estás en un estanque con agua hasta el cuello. Te quedas quieto. Hay peces nadando a tu alrededor. Ahora, imagina que el estanque es tu mente en el momento presente y que los peces representan tus pensamientos. En algún momento, algunos de los peces te rozarán y serás consciente de ellos. "Oh, un pez me acaba de rozar".

Puedes involucrarte con el pez y preguntarte a dónde ha ido, si volverá a rozarte, o incluso preguntarte si muerde. También puedes seguir simplemente de pie en el agua, en silencio, en el presente.

De la misma manera, un pensamiento viene a tu mente, lo notas, ahora, deja que se vaya. No te involucres en él. Por supuesto, en el caso del pez, puedes anticipar un pez cercano y preguntarte si uno te rozará de nuevo o cuántos hay en el estanque.

Así son los pensamientos. Están ahí, nadando sin parar, porque el cerebro es el hogar de los pensamientos. La diferencia no es cuántos hay o si están ahí o no. La diferencia está en cómo anticipamos, interactuamos y nos involucramos con los pensamientos.

Permanece quieto. Los pensamientos siempre están ahí, chocando contra las paredes de nuestra mente, dejándonos una elección. La elección de involucrarse o desvincularse.

Cuando estamos en el estanque, queremos centrarnos en el espacio entre los peces. Cuando nos centramos en el espacio entre los peces, nos centramos en el momento presente, el espacio tranquilo y calmado.

Lo mismo puede hacerse con los pensamientos. Encuentra el espacio entre los pensamientos y concéntrate en ese espacio. Mantén tu atención y conciencia en el espacio entre los pensamientos. Cuando aparezca otro pensamiento, córtalo de raíz antes de que tenga la oportunidad de completarse. Permanece en el espacio entre los pensamientos. Esto aumentará la concentración y la capacidad de completar las tareas y hacer las cosas. Por no hablar de que te dará ese margen de tiempo extra para responder mejor en situaciones de estrés. Concentrarse en el espacio entre los pensamientos mantendrá tu atención en las cosas que necesitan ser atendidas en el momento.

Elección del traductor

Nada puede existir sin cambio. Nada puede sobrevivir sin cambio. Cuando observamos los ciclos de la naturaleza, vemos la expresión más flagrante de cambio en las estaciones.

Amigos y familiares con mentalidad afín

Rodéate de personas que te empujen a convertirte en una mejor expresión de ti mismo. Aquellos que son la imagen de lo que quieres llegar a ser.

Encontrar individuos que resuenen con nuestro concepto personal de "un mejor yo", es el tipo de personas de las que queremos rodearnos. Los seres humanos están orientados a formar comunidades. Queremos ser aceptados y ser miembros de una comunidad. La comunidad con la que pasamos nuestro tiempo es aquella de la que aprenderemos y creceremos.

Al igual que nuestros pensamientos crean nuestra realidad, las personas con las que pasamos nuestro tiempo también tienen una fuerte influencia en lo que somos.

Si nos juntamos con personas que nos desafían a ser mejores personas, tenemos en ellas un sistema de apoyo al que recurrir. Si nos rodeamos de personas que nos hunden y nos debilitan, nos costará encontrar la energía para superarnos.

Elige sabiamente a las personas con las que te relacionas y de las que aprendes, ya que de ello puede depender el éxito o el fracaso. Aprende a tener compasión y aceptación, y aléjate de la ira y el odio. Busca y ve las similitudes, no las diferencias. Ve lo bueno en todos.

Al hacerlo, conseguirás la fina línea del equilibrio en tu consciencia. Experimentarás una mejora en las relaciones, una mayor eficacia y un sentido más profundo del propósito.

También experimentarás una profunda sabiduría y un aumento de la productividad, el camino hacia la paz interior y el hilo de la conexión universal que toca tu vida.

Como una flor hermosa y fragante que crece cerca de la basura desechada en la carretera, el practicante de los iluminados destaca entre los débiles de mente, la gente que camina en la oscuridad.
— Dhammapada 58-59

El yin-yang de la aceptación

"Cuando [el] aumento y disminución del yin-yang puede mantenerse dentro de un cierto rango, grado y período, ... las cosas estarán en un estado relativamente estable." – DongPei Hu, *Medicina tradicional china: Teoría y Principios*

Al igual que el clima, la vida siempre está cambiando. Nada es estático. Nos levantamos por la mañana, dando la bienvenida a la luz del día. Al experimentar la progresión del día, rara vez tenemos en cuenta la transición gradual del amanecer a la luz del día, y del atardecer a la noche. Y tampoco estamos atentos a la luna creciente y menguante que ilumina el cielo nocturno.

En la vida, el cambio es inevitable. Sin embargo, en cierto modo, nuestra cultura nos hace creer que las cosas no cambian, o que el cambio es malo, sugiriendo que sería mejor mantener las cosas estáticas. Diversas creencias de culto ofrecen la promesa de seguridad de que, tras la muerte, llegaremos a un mundo estático en el que ya no nos preocupará ni temeremos el cambio. Esta mentalidad infunde en algunos el deseo de una existencia estática e inmutable, lo cual, al mirar a nuestro alrededor, va en contra de todo lo que observamos en la naturaleza y la realidad. Desgraciadamente, este deseo le empuja a uno a profundizar en la mente ilusoria, buscando crear una existencia ilusoria de "perfección". Le empuja a uno a las ilusiones de la impecabilidad.

Cuando observas tu entorno, ¿qué ves que no experimenta cambios por envejecimiento, oxidación, corrosión, depreciación o marchitamiento? Nada. El universo, y todo lo que hay en él, está en constante cambio. Las cosas se desmenuzan, se rompen y se renuevan constantemente, todo a través del proceso de la muerte. La tierra se renueva con la muerte y la descomposición de los organismos vivos y el cuerpo humano se renueva con la muerte y la regeneración de las células.

A medida que el mundo exterior cambia, también lo hace nuestro mundo interior. Reflexiona sobre los estados de ánimo que uno experimenta en un día, ya que los pensamientos crecen y disminuyen, creando cambios en nuestra mente. Cambiamos de opinión, de preferencias y de disgustos, todo ello sin pestañear. Algunos de estos cambios son por elección, causados por la falta de aceptación del cambio natural o, simplemente, por la necesidad de autoexpresión.

Por el contrario, ¿qué pasa con los cambios que no elegimos? Instancias como la pérdida de una mascota, la pérdida de una oportunidad laboral o la muerte de un ser querido. ¿Cómo nos adaptamos a este cambio? ¿Cómo respondemos y fomentamos la satisfacción? ¿Cómo mantener el equilibrio cuando el cambio está a la vuelta de la esquina? El concepto de yin-yang nos ofrece ideas para gestionar y equilibrar las experiencias mediante la comprensión de la composición de la vida y sus fenómenos.

Unidad Yin-Yang

Recapitulemos y profundicemos en el yin-yang. Como se ha mencionado en capítulos anteriores, el yin-yang es la percepción tradicional china de todo lo que vemos y experimentamos. Es un código universal para entender la existencia tal y como la conocemos.

La mayoría de nosotros ha oído hablar del yin-yang en algún momento. Algunos pueden pensar que es lo masculino y lo femenino, la oscuridad y la luz, o el blanco y el negro, sin embargo, no es tan simple. Es cierto, pero sólo hasta cierto punto. Como habrás comprendido, el Yi Jing, más conocido en Occidente como el Libro de las Mutaciones, amplía el concepto de yin-yang mucho más allá de un simple blanco y negro.

La descripción más antigua del yin-yang se expresa como "yin", el lado sombreado de una montaña, y "yang", el lado soleado. Juntos, estos dos elementos son la base de una visión completa del mundo que podemos aplicar a todas las experiencias.

En Occidente, hemos construido gran parte de nuestra conciencia cultural en torno a la idea de "evitar el cambio", un concepto según el cual es mejor mantener todo estático. En consecuencia, se puede rebatir la teoría de que lo negro tiene componentes de lo blanco, lo masculino tiene componentes de lo femenino y lo bueno tiene componentes de lo malo. Cuando vamos más despacio y observamos, también nos damos cuenta de que nada existe por sí mismo, una idea que se conoce como "Originación dependiente".

La originación dependiente es un concepto basado en la idea de la imposibilidad de que algo exista sin depender de otras fuerzas o fenómenos. Este es también el significado más básico de la vacuidad desde la perspectiva budista. En pocas palabras, la vida no puede existir sin luz solar, agua u oxígeno. Esto puede incluso reducirse a nuestra dependencia individual de las redes sociales, los agricultores, los amigos y la familia.

Desde la perspectiva del yin-yang, todo lo que existe tiene una expresión contraria. La vida no puede existir sin la muerte y la felicidad no puede existir sin la tristeza. Si no hay negro, no puede haber blanco, y el bien no existe sin el mal. Son, de hecho, expresiones opuestas de un todo dualista. Podemos comprender fácilmente este concepto utilizando como ejemplo la duración de un día. (Véase la figura 9-1)

(Fig. 9-1)

La mayoría de nosotros no pensamos mucho en la progresión que se produce del día a la noche. Aunque tenemos el vocabulario necesario para expresar los distintos cambios graduales, como "atardecer" y "amanecer", las palabras no logran expresar la progresión. Es más fácil ver los cambios a medida que se producen o en un vídeo acelerado que muestra la progresión digitalmente. Nos ofrece una visión del ciclo completo del yang (día) en transición al yin (noche).

En la naturaleza, no existe una división definitiva entre la progresión del día y la noche, y sin embargo aplicamos palabras que los describen como dos períodos distintos. En realidad, son una unidad compuesta por dos opuestos, que conocemos como un día completo, cada uno de los cuales contiene componentes del otro. Dentro del todo existen miles y miles de cambios diminutos teniendo lugar.

En la imagen superior del Taiji, más conocido por ser el símbolo del yin-yang, se representa la duración de un día entero. Los puntos dentro de los dos simbolizan que cada uno está presente en el opuesto. Los puntos más estrechos de cada mitad del símbolo representan la transición gradual, o el cambio, al otro, manteniendo los dos como un todo.

Es importante entender este ciclo para poder aplicar los conceptos a nuestras propias vidas y experiencias. Una vez que comprendemos el flujo cíclico del yin-yang y observamos el cambio, vemos la transición en la progresión. A veces, la claridad es más evidente, pero la semilla del cambio está presente en todo momento.

Piensa en las estaciones. La mayoría de las culturas aceptan que hay cuatro estaciones. Las cuatro se componen de diferentes combinaciones de "un yin y un yang". Dentro de cada estación, hay una semilla de cambio. También hay una totalidad de las cuatro, una totalidad que las une como una unidad formada por el yin y el yang. Así, podemos ver fácilmente el cambio de yin-yang en las cuatro transiciones estacionales de primavera a verano, de verano a otoño, de otoño a invierno y de invierno a primavera.

Elección de la Editora

Por lo tanto, confía en la sabiduría de la naturaleza. Confía en la sabiduría de la vida. Acepta las cosas que vienen a través del ciclo natural, tanto las buenas como las malas. Comprende que forma parte de un viaje más grande y poderoso que el que podríamos diseñar para nosotros mismos.

Elección del Traductor.

Centrándonos en nuestra singularidad, en contraposición a la individualidad, es como podemos ser los mejores. Ser el mejor es luchar por la mejor versión de nosotros mismos.

El oráculo de la sabiduría china - El Yi Jing

Profundicemos en la idea del yin-yang dentro del Yi Jing.

En el Yi Jing, Confucio escribe: "一阴一阳之谓道", que translitera la interacción de un yin y un yang como "Dao". Los dos, un yin y un yang, no están separados o divididos, por lo tanto, deben ser vistos como una sola unidad.

Cuando comprendemos cómo se produce el cambio dentro del yin-yang, podemos reconocer su influencia en la vida, aunque no sea físicamente visible. Dado que la mentalidad occidental categoriza, separa y divide, puede que no sea tan fácil entender el concepto de yin-yang como un todo formado por dos expresiones. Sin embargo, al observar y contemplar los cambios que ocurren a tu alrededor, te darás cuenta de las transiciones del yin-yang en juego.

El comienzo del Yi Jing

El concepto del Yi Jing se creó inicialmente hace más de cinco mil años, antes de que China contara con un sistema de escritura. El novedoso concepto comenzó con un simbolismo de una sola línea que representaba el "道 Dao", el universo fuera del cual nada existe.

La expresión china "一画开天 La línea única engendra el universo" se refiere a una única línea que representa el Taiji (太极) o Dao (véase la figura 9-2). Este concepto sugiere que el Taiji da paso a "los dos": un yin y un yang. Así, la línea única contiene todas las cosas del universo: la interacción del yin-yang.

Fig. 9-2 El Taiji

Dentro de la idea de "el todo", el Taiji se relaciona con cualquier cosa. Puede ser un día, una vida, una relación, una carrera, incluso una experiencia.

En la figura 9-3 que aparece a continuación, vemos la composición de "un yin y un yang" del Taiji.

Fig. 9-3 Un yin y un yang

En el mundo del Yi Jing, al igual que las plantas, los animales y los seres humanos crecen hacia arriba, el cambio asciende. Todo evoluciona hacia arriba. Esta relación entre el Taiji y el yin-yang puede verse en la figura 9-4, donde el Taiji, el "uno", es primero, y el yin-yang como las dos expresiones opuestas no agresivas que son el "uno" evolucionan hacia arriba.

Fig. 9-4 El Taiji es yin-yang

Las interacciones del yin-yang son muy amplias y consisten en un cambio, un movimiento y una evolución constantes. El yin se describe como femenino, pero no debe confundirse con la mujer. Es frío, oscuro, se contrae, se oculta y representa un carácter de picardía. El Yang, en cambio, es masculino. Es cálido, brillante, se expande, se expone y representa a una persona respetable. Al igual que el yin, el yang no debe confundirse como masculino a pesar de la masculinidad.

¿Se puede decir que el «disgusto» está presente en el «gusto»? Por supuesto.

Es importante recordar que no hay una expresión pura. Una expresión siempre está influenciada por la opuesta. Así, los puntos blancos y negros dentro de la imagen del yin-yang nos recuerdan que los aspectos del opuesto siempre están presentes en algún grado. Así, siempre hay alguna forma de "gusto" dentro de una expresión de "disgusto".

Comprender la idea del "todo"

Una vez más, es importante tener en cuenta que no hay separación del yin-yang. Más bien se trata de una transición en la que los dos elementos se armonizan y permanecen como uno solo. Debemos referirnos a él como "yin-yang", en lugar de "yin y yang", porque este último crea una sensación de división entre los dos.

Como se ha mencionado, la mentalidad occidental tiene tendencia a dividir y separar. Esto nos lleva potencialmente a una visión incompleta del mundo que nos rodea, con divisiones y separaciones en lugar de relaciones y conexiones. La mentalidad china es la de las conexiones yin-yang: relaciones cíclicas establecidas en el equilibrio de expresiones contrarias, como se describe en el Yi Jing. Este concepto también prevalece en la lengua china e impregna la cosmovisión tradicional china.

A medida que vamos comprendiendo cómo el yin-yang equilibra el universo físico y elemental, vemos cómo influye en nuestras vidas. De la línea única que representa el "todo", a la composición de "los dos", evoluciona a "los cuatro", que son expresiones de fenómenos que experimentamos a diario.

El simbolismo fundacional de dos líneas del yin-yang, expresado en el conocido símbolo del pez blanco y negro, da paso a los siguientes cuatro símbolos de dos líneas.

El primero es el doble-yin que representa la luna o la energía femenina, como la noche profunda y el invierno. El segundo es un-yin bajo un-yang que representa la energía femenina cálida en el amanecer y la primavera. El tercero es el doble-yang, que representa el sol o la energía masculina, como el mediodía y el verano. Por último, el cuarto es un-yang bajo un-yin, fría energía masculina del atardecer y el otoño. (Ver la figura 9-5)

(Fig. 9-5)

Aquí vemos cómo estos cuatro símbolos representan expresiones universales cíclicas comunes de cuatro, incluyendo las estaciones y otros ciclos de vida y energía. También podemos aplicar este concepto a nuestras vidas al observar el paso de los días y las fluctuaciones de las experiencias de la vida.

El Yi Jing continúa expandiéndose al entremezclar un yin y un yang como combinaciones de tres líneas, desarrollando los ocho trigramas, cada uno de los cuales representa aspectos de la naturaleza, a saber, el cielo, el lago, el fuego, el trueno, el viento, el agua, las montañas y la tierra (Véase la figura 9.6). Estos ocho se entremezclan de nuevo como pares de trigramas para formar los sesenta y cuatro hexagramas. De este modo, todo lo que comprende el mundo natural, incluida la vida, las relaciones y los ciclos universales, encuentra su expresión en el Yi Jing.

El Yi Jing es una herramienta para la comprensión. Es un oráculo que engendra sabiduría y provoca la iluminación más allá de las estrechas perspectivas bidimensionales a las que el condicionamiento social nos ha sometido.

Nos guía para observar la naturaleza y los ciclos de la vida tanto desde una perspectiva yin, de oscuridad y contracción, como desde una perspectiva yang, de calidez y expansión. Al contemplar los conceptos del Yi Jing, obtenemos una visión de los cambios, las progresiones y el potencial en nuestras vidas, relaciones y carreras.

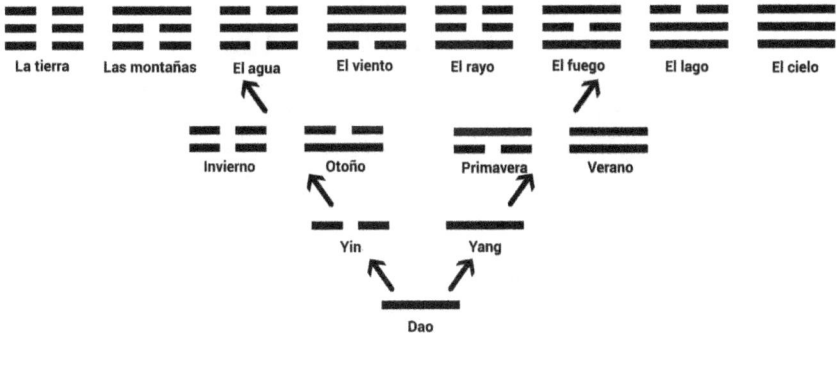

(Fig. 9.6)

El equilibrio perfecto entre Cielo y Tierra

La expresión "正乾坤 Cielo-Tierra perfecto" se refiere al equilibrio perfecto entre las energías del cielo y la tierra: un yang y un yin. Cuando el cielo y la tierra están en equilibrio como yin-yang, identificamos su diseño como un ciclo siempre cambiante e impermanente de impulso hacia adelante y desarrollo, una respuesta a las energías implicadas en el momento y las circunstancias.

Extremos tocándose

"物极必反 Giro del clímax" – Cuando una energía alcanza su cúspide, debe dar la vuelta.

Si la energía yang aumenta, la progresión desarrollará un yang más fuerte. Debemos introducir la energía yin para desacelerar el aumento de la energía yang. Cuando pasamos de un estado de agitación a un estado de calma, es como pasar de un estado de exceso de energía yang a una energía yin más calmada. La gestión de este equilibrio requiere sensibilidad a la energía predominante y la sabiduría para permitir que se produzca el cambio. Una vez alcanzado el clímax, se producirá un "agotamiento", causando un giro del clímax. Esto puede ser bueno o malo, dependiendo de la situación en cuestión.

Aceptación del Yin-Yang

Cuando consideramos los diferentes aspectos entre los elementos, como el día y la noche, lo fácil y lo difícil, lo alegre y lo triste, o lo caliente y lo frío, podemos identificar cómo las interacciones entre ambos iluminan el contrapeso para crear su unidad.

Sin los aspectos armonizadores de los dos, el uno no está completo y pierde el equilibrio. Están en constante flujo para mantener un equilibrio que sólo es a nivel energético o molecular, invisible a simple vista. Sin embargo, si no se gestiona bien, la situación puede pasar a un estado de exceso, lo que lleva a un toque de extremos potencialmente perturbador.

En los momentos en que nos damos cuenta de que una expresión puede ser demasiado vigorosa, tenemos la oportunidad de equilibrar. Por ejemplo, cuando notamos un comportamiento agitado, encontraremos el equilibrio mediante la contraparte, la pasividad. Y nos damos cuenta de este cambio cuando aplicamos las habilidades de la conciencia plena.

Es liberador saber que las cosas fluyen. Sin embargo, si nuestro modo de pensar es el de la constancia, es posible que, en consecuencia, experimentemos una ansiedad, un miedo o una ira de leves a graves a medida que avanza el flujo del cambio. Debemos elegir desde qué perspectiva ver el cambio; desde una de rigidez estática o de transformación fluida. Si no nos gusta el cambio o le tenemos miedo, entonces estamos viviendo en un lugar de rigidez estática. Este es un estado miserable para vivir. Temer el cambio haría que levantarse de la cama cada día fuera extremadamente difícil.

Cuando vemos el cambio como una oportunidad, un espacio de novedad y una fuerza creativa que se expande en lugar de contraerse, entonces nuestra perspectiva se vuelve positiva, sabiendo que las cosas funcionan para bien. A pesar de lo que sea para nuestro interés personal, será lo mejor para todos, lo que también viene a través de la práctica de la aceptación.

Lo más difícil puede ser mantener una perspectiva positiva y eliminar las prácticas negativas, como etiquetar las cosas como "malas". Es en este punto donde recordamos que lo malo comprende componentes de lo bueno. Al reconocer esto, estamos mejor preparados para los cambios que están por venir, viéndolos como una expresión del yin o del yang, pero comprendiendo que también tienen semillas de lo contrario. Al darnos cuenta de esto, vemos que responder de manera que se mantenga el flujo del "bien", sin regar las semillas de la negatividad, puede ayudar a evitar un toque de extremos potencialmente indeseable.

Piensa en el lavar un par de pantalones sucios. Cuando los pones en agua limpia, el agua se ensucia. Sin embargo, confiamos en el proceso. Sabemos que cuando termine, los pantalones estarán limpios, hasta que vuelvan a ensuciarse. Si detenemos nuestro proceso de pensamiento y nos centramos sólo en el agua sucia, podemos estresarnos porque el agua está ensuciando más los pantalones. Entender cómo funcionan las cosas y tener una buena comprensión de la realidad es estar arraigado. Nos desestresamos cuando estamos arraigados a la realidad.

Pero algunos tienen miedo al cambio, que en cierto modo es obra del condicionamiento social de nuestra educación. Nos condiciona a perseguir un mundo en el que nada cambia y, de forma irreal, todo será perfecto, esperando que consigamos lo que queremos y estemos con gente que siempre estará de acuerdo.

Desgraciadamente, este escenario no nos ayuda a vivir nuestras formas de vida actuales. Provoca un rechazo a la realidad de nuestro momento actual. La realidad es que necesitamos aplicar las habilidades adecuadas para afrontar los retos de forma saludable.

Sin embargo, nos han enseñado a luchar por lo que queremos. Es decir, que no seamos felices y agradezcamos lo que tenemos en el presente. Se nos dice que debemos ser los mejores, pero en un grupo en el que a todos se les dice lo mismo, ¿cómo será el caos? Debemos ser la mejor expresión de lo que somos. Cada uno de nosotros posee talentos y habilidades únicas que nos hacen ser quienes somos. Centrándonos en nuestra singularidad, y no en la individualidad, es como podemos ser los mejores. Ser el mejor es luchar por la mejor versión de nosotros mismos.

El modelo estándar establecido por la sociedad no es flexible. Mantiene el deseo de evitar el cambio y de encajar a la fuerza dentro de un determinado cuadro o prototipo. Sin embargo, ni la vida ni la muerte pueden simplificarse en un prototipo. La naturaleza tiene su propio diseño y sabe más que nosotros. Por tanto, confía en la sabiduría de la naturaleza. Confía en la sabiduría de la vida. Acepta las cosas que vienen a través del ciclo natural, tanto las buenas como las malas. Comprende que forma parte de un viaje más grande y poderoso que el que podríamos diseñar para nosotros mismos.

Cuando aceptamos tanto el yin como el yang de las experiencias de la vida, disminuimos el sufrimiento y la discordia innecesarios.

Ayuda a evitar el esfuerzo de las batallas que nos auto-inducimos en contra del flujo de la vida. Al observar nuestras vidas y las respuestas que recibimos del mundo que nos rodea, somos más capaces de aprender y aprovechar las habilidades para aceptar y equilibrar el ciclo del yin-yang. Al hacerlo, experimentamos más paz mental y ejemplificamos más paz en la tierra.

Como la abeja recoge el néctar sin dañar la flor su color o su aroma, así habitemos la tierra.
— *Dhammapada 49*

Llevando la Conciencia Plena contigo

Consejos para tu práctica de Conciencia Plena

Cuanto más conscientes seamos, más conscientes nos volveremos. La conciencia plena requiere una aplicación y una práctica constantes. Por eso se le llama "una práctica".

Aprovecha todas las oportunidades para practicar la conciencia plena. Cuanto más lo hagas, más habitual será. Esfuérzate por alcanzar la " conciencia plena sin pensar", una idea maravillosa y poderosa.

Una cosa que hay que recordar es que todas las actividades y sugerencias de este libro se basan en la respiración. Es la base de la práctica de la conciencia. Contar los ciclos respiratorios no siempre es necesario, pero siempre hay que ser consciente de la respiración al inhalar y exhalar.

As the bees collect nectar...

La siguiente sección es una recopilación de ideas para aplicar la conciencia plena en tu vida diaria.

En su mayoría, se trata de métodos que he practicado a lo largo de los años y me doy cuenta de que pueden ajustarse y aplicarse a diferentes áreas. Sé creativo y abierto a nuevas formas de aplicar la conciencia plena en tu vida.

En exteriores

Al caminar

- Nota tus pasos. Cuando camines, nota que tu peso cambia de un pie a otro.

- Nota los sonidos y los olores. Sé consciente de las sensaciones físicas externas, como la brisa o el calor del sol sobre tu piel.

- Sé consciente de las sensaciones corporales internas y de tu postura.

- Nota que tus ojos vagan. ¿Cómo afecta esto a tu concentración y pensamiento?

Al sentarse

- Sé consciente de tu entorno. Practica la conciencia plena de la vista y el oído. Escucha los sonidos de la naturaleza y fíjate en qué sonido está más lejos de ti.

- Nota sensaciones como el calor del sol, la brisa, incluso los insectos en tu piel.

- Nota la vida que te rodea, como los animales, los insectos, las plantas y otras personas. Considera y aprecia sus experiencias.

En público

De compras

- Nota los sonidos y los olores.

- Nota los colores y los detalles.

- Nota tus pensamientos sobre las elecciones y opciones que tienes a tu disposición. ¿Cómo respondes con tus pensamientos?

- Cuando estés en la fila, concéntrate en tu respiración y fíjate en tu postura.

- Nota que tus ojos vagan. Colócalos hacia abajo en un ángulo de 45 grados y vuelve a centrarte en tu respiración. Libera cualquier tensión o estrés con la exhalación.

En la oficina

Al sentarte en tu escritorio

- Nota tu postura. Asegúrate de que estás sentado erguido y no encorvado.
- Comprueba tu respiración. Asegúrate de que respiras con regularidad y no retengas la respiración.
- Sé consciente de dónde descansan tus pies y cómo se sienten. Cuando te muevas o te reajustes, aplica la conciencia plena.
- Siente los músculos de tus piernas y nota todas las sensaciones relacionadas.
- Fíjate en tus manos. ¿Qué tocan? Si están tocando tu silla, nota la sensación. Si están tecleando, fíjate en lo que sienten. Sé consciente de cualquier sensación que experimenten tus manos.
- Sé consciente de la sensación de tus glúteos en la silla. Si estás de pie, nota el equilibrio del peso de tu cuerpo sobre tus pies.

Colaborando o conversando

- Nota tus pensamientos. Sé consciente de los pensamientos que surgen. ¿Cómo están apoyando o frenando tus esfuerzos?
- Sé consciente de las reacciones. Si estás colaborando con otros, nota las reacciones de los pensamientos que surgen en tu mente. ¿Apoyan la conversación positiva?
- Apoya la creatividad. Concentra tu atención en la tarea y respira. Relájate. La semilla de la creatividad surge de una pizarra en blanco. Ralentiza el ajetreo de pensamientos e ideas. Concéntrate en el espacio entre los pensamientos.

- Nota las emociones. Si te encuentras en una situación estresante, concentra tu atención en tus sentimientos. Nota las sensaciones de tu cuerpo y las respuestas de tu mente. No reacciones. Respira y responde.

Reuniones o discusiones de grupo

- Concéntrate en lo que dicen los demás. Sé consciente de que tu mente está planeando una respuesta. En este caso, devuelve tu atención a la respiración y concéntrate en lo que se está diciendo. Practica la escucha consciente.

- Cuando hables, hazlo con un propósito. Sé consciente de tus pensamientos. ¿Los pensamientos y las palabras están formando un lío? Concéntrate en lo que quieres decir. Siempre hay oportunidades para sacar a relucir otros puntos.

Lo anterior son sólo sugerencias. Ponlas en práctica y aplícalas a tus necesidades, tu entorno y tu estilo de vida.

Acolchar o no acolchar

Tradicionalmente, la meditación se realiza sentado en una pequeña alfombra o cojín. Recapitulemos y profundicemos en la postura y la forma adecuada.

Como se mencionó en los capítulos anteriores, la meditación se realiza en una postura conocida como la "Posición del Loto". En ella te sientas con las piernas cruzadas y con ambos pies sobre la rodilla opuesta. El medio loto es cuando te sientas con un solo pie en la rodilla opuesta. Muchos parecen creer que, si te sientas en la Posición del Loto, tendrás una mejor experiencia espiritual o que eres un practicante más espiritual. Nada más lejos de la realidad. Lo más probable es que quienes expresan este sentimiento basen su opinión en una cuestión de ego.

La meditación es algo que podemos practicar en cualquier lugar y en cualquier momento. Si nos preocupamos demasiado por nuestra postura al sentarnos, puede que no consigamos lo más importante para meditar. El objetivo de la meditación no es ser espiritual, sino más bien estar tranquilo y ser uno con el ahora: la respiración y el momento presente.

Hay muchos beneficios de sentarse en una postura tradicional, sin embargo, se pueden hacer modificaciones para poder sentarse y meditar en prácticamente cualquier postura.

Lo principal es sentarse de forma erguida y respetuosa. Hacerlo así nos permite respirar con facilidad y naturalidad, lo que es más importante que la forma de sentarse. Si puedes sentarte en un Loto Completo, es genial. Si no, prueba con un Medio Loto o la Postura Birmana. Sentarse con las piernas cruzadas es la mejor manera si eres capaz de hacerlo.

Sentarse al estilo indio no es una postura de meditación. La razón es que las rodillas no tocan el suelo. Las posturas de meditación tradicionales requieren que tres puntos toquen el suelo, esencialmente, las nalgas y ambas rodillas. Este concepto puede verse en el "鼎 Ding" chino, un recipiente de tres patas para contener líquidos.

La importancia de mantener un equilibrio físico arraigado es considerable y puede afectar a muchos aspectos de una práctica de meditación adecuada. El más importante es el estado de relajación y meditación de la persona. El cuerpo debe estar anclado y arraigado, de lo contrario, el cuerpo puede oscilar o perder el equilibrio. Cuando esto ocurre, puede perturbar la mente aquietada.

Por lo tanto, la clave de una postura adecuada es tener tres puntos de arraigo para mantener el cuerpo en equilibrio.

Si prefieres no sentarte en un cojín o no te resulta físicamente posible hacerlo, sentarte en una silla también es una opción, como hemos mencionado en capítulos anteriores. El mejor tipo de silla a utilizar es una que sea firme y robusta, similar a una silla de comedor. No se recomiendan los sofás ni las sillas demasiado rellenas, ya que están excesivamente acolchadas para meditar.

Cuando te sientes en una silla, mantén una ligera distancia con el respaldo para evitar apoyar la espalda en él. Coloca los dos pies en el suelo, separados a la altura de los hombros. Con las manos relajadas, colócalas en cualquier lugar del regazo que te resulte cómodo y natural. Al sentarse en una silla, la idea es conseguir la misma postura física con la espalda que al sentarse en un cojín. La única diferencia entre ambas son las posiciones de las piernas. En ambos casos, debes mantener la misma postura de la parte superior del cuerpo.

¡Conciencia Plena sobre la marcha!

La Conciencia Plena sobre la marcha es una sencilla práctica diaria de la conciencia. Practica activamente la curiosidad utilizando los oídos, la nariz, la boca, los ojos, el cuerpo y la mente/corazón. Cada día, practica un área. Al séptimo día, combina todas las áreas y anota cualquier descubrimiento en tu diario.

Lunes - Oídos: Toma conciencia de los sonidos que te rodean. ¿Qué sonidos son los más lejanos a ti? No los etiquetes. Sólo sé consciente del sonido. Nota los sonidos como si estuvieran dentro de ti.

Martes - Nariz: Toma de conciencia de los olores. No los etiquetes como agradables o no, ten curiosidad por saber cómo interactúas con ellos y por qué. ¿Puedes permitir que los olores sean simplemente un olor? Además, nota tu respiración. ¿Respiras hacia tu abdomen?

Miércoles - Boca: Cuando hables, siente curiosidad por las palabras que utilizas y por cómo responde la gente a ellas. Cuando comas, tómate un momento para preguntarte si realmente estás saboreando los alimentos que comes. En cada bocado, experimenta el sabor.

Jueves - Ojos: Cuando mires a tu alrededor, despierta la curiosidad por las cosas que ves. ¿Son realmente lo que parecen? Cuando camines, nota aspectos de la naturaleza que te rodea en los que no te habías fijado antes, como las plantas, el cielo, la posición del sol y la luna. Nota las características físicas de las personas, los animales y los objetos.

Viernes - Cuerpo: Cuando estés sentado o caminando, nota la presión y las sensaciones en las diferentes zonas de tu cuerpo. Al caminar, nota el peso en tus pies. Al sentarte, nota la presión en los glúteos y la espalda. Nota cualquier sensación en tu cuerpo, como un picor. Si tienes una sensación de este tipo, experiméntala durante todo el tiempo que puedas.

Sábado - Mente/Corazón: A medida que avanza el día, sé consciente de los pensamientos de tu mente. Si notas pensamientos negativos, cámbialos por positivos. Siente curiosidad por cómo te afectan las cosas: lo que dice la gente, cómo te miran, cómo te sientes cuando estás o no estás donde quieres estar. Siente curiosidad por saber de dónde proviene el sentimiento.

Domingo - Esta es tu oportunidad de tomar las seis prácticas sensoriales que has adquirido a lo largo de la semana y aprender a aplicarlas colectivamente. Sé creativo al notar cómo interactúan y se interrelacionan entre sí.

Siente curiosidad por las respuestas internas. Si notas algo con lo que no te sientes cómodo, simplemente acéptalo. No lo juzgues como correcto o incorrecto, bueno o malo. Simplemente experimenta cada asunto interno y externo con curiosidad.

Glosario

A

Acción basada en la no acción - La idea de que la no acción es la base de la acción. Sólo cuando uno encarna la no acción es capaz de actuar con equilibrio y control.

Anapanasati - Una forma de meditación consciente basada en la conciencia de la respiración y las sensaciones.

Arraigado (estar) - Estar arraigado es estar estable, no vacilar dentro de uno mismo. Es una conciencia clara del estado interior (respiración, pensamientos, emociones, sensaciones) y no vacilar. Es ser capaz de maniobrar y de involucrarse en el mundo interior y exterior con habilidad y compasión.

Arraigo - Piensa en un árbol estable en el suelo. Es el suelo el que lo sostiene y lo mantiene estable, para que no se caiga. De la misma manera, encontramos arraigo en nuestro interior. El arraigo nos permite mantener la compostura y la calma mental, incluso en situaciones estresantes y difíciles.

B

Blando contra duro 柔弱胜刚强 (róu ruǎn shēng gāng qiáng) - Un concepto basado en el yin-yang, que se encuentra en el Dao De Jing y que apoya la idea de que las energías y fuerzas blandas prevalecen sobre las duras. Consideremos los dientes (duros) y la lengua (blanda). Muchos pierden los dientes, pero pocos pierden la lengua.

C

Ciclo respiratorio - El concepto cíclico de inhalación y exhalación, dos partes de una respiración completa. Este ciclo respiratorio se basa en el concepto de Taiji y yin-yang (véase Taiji y yin-yang).

Chan 禅 (chán) - Forma china de budismo basada en las enseñanzas budistas tradicionales de la India. En Japón, se conoce como Zen.

D

Dantian 丹田 (dān tián) - Un lugar situado aproximadamente a tres dedos de distancia por debajo del ombligo. En la medicina china, se considera la ubicación de la energía vital y el calor dentro del cuerpo.

Dao 道 (dào) - (Tao) Un concepto universal que surge de los escritos de Lao Zi (Laotzu, Lao Tse), donde se habla del Dao (Tao) como la fuerza que creó el universo, también explicado como "aquello fuera de lo cual nada existe". Algunos consideran que el Dao equivale al concepto budista de Vacío y al concepto judeocristiano de Dios.

Dao De Jing 道德经 (dào dé jīng) - (Tao Te Ching) El Dao De Jing es el famoso escrito del mismo nombre. Cuenta la historia que Lao Zi dejó este famoso escrito con un portero de la ciudad cuando se marchó de ella por última vez.

Daoísmo 道教 (dào jiào) - (Taoísmo) La filosofía construida en torno a los escritos de Lao Zi que se ha convertido en una cuasi religión.

Dhammapada - (Dharmapada en sánscrito) El Dhammapada es una colección de dichos del Buda Gautama. Es una colección de pensamiento budista ampliamente reconocida, similar a los Salmos de la Biblia. Hay muchas traducciones del Dhammapada.

F

Fu Xi 伏羲 (fú xī) - El mitológico primer emperador chino. Se supone que Fu Xi vivió hace unos 7.000 años y se cree que fue el creador de la cultura china fundamental, incluidos el Yi Jing y el sistema de escritura chino. También se dice que enseñó a los primeros pobladores técnicas de vida como la agricultura y la ganadería.

H

Hábil - Se refiere a una acción o pensamiento que es bueno o amable por naturaleza. Es contrario a "inhábil". (Ver, inhábil)

I

Inhábil - Se refiere a una acción o pensamiento que no es bueno o amable por naturaleza. Es contrario a "hábil". (Ver, hábil)

K

Kung Fu Shaolin 少林功夫 (shǎo lín gōng fu) - Estilo de Kung Fu practicado por los monjes del Templo Shaolin. Es una forma de Kung Fu rigurosa y basada en la mente.

L

Lao Zi 老子 (lǎo zǐ) - (Lao Tzu, Lao Tse) Pensador y filósofo chino del que se dice que escribió el Dao De Jing (véase, Dao De Jing) a petición de un guardián de la ciudad cuando Lao Zi partió de ella por última vez. Lao Zi contribuyó a establecer la "visión del universo" en la mentalidad cultural china.

La respiración - (Ver, Respiración)

M

Meridianos 穴位 (xué wèi) - También conocidos como puntos de presión. Los meridianos son puntos de energía que conectan el flujo de energía vital en todo el cuerpo. Según la idea de la medicina tradicional china, la salud óptima se consigue cuando no hay congestión de los meridianos y se permite que la energía fluya libremente.

R

(La) Respiración - La interacción vital entre el cuerpo, la mente y la inhalación de aire con oxígeno.

Q

Qigong 气功 (qì gōng) - (Chi-Gong) Una práctica de arte marcial basada en la respiración y el flujo de energía universal. El carácter 气 (qì) significa energía vital y respiración.

T

Tai Chi 太极拳 (tài jí quán) - (Boxeo de sombra) Un arte marcial chino de forma lenta. El Tai Chi se utiliza para arraigar la mente y el cuerpo mientras se entrena el equilibrio físico a cámara lenta. Hay varios estilos de Tai Chi, algunos más largos y otros más cortos. La respiración y la conciencia plena también se incorporan a la práctica.

Taiji 太极 - El nombre chino del símbolo del yin-yang, el pez blanco y negro. Es un símbolo que representa las dos expresiones del yin-yang (Ver, yin-yang), opuestas, pero no agresivas, que crean un todo.

Y

Yin-yang 阴阳 (yín yáng) - El yin-yang es el concepto que surge en el Yi Jing (Ver, Yi Jing). Yin-yang son dos expresiones de un todo, como frío-cálido, femenino-masculino, bueno-malo. Muchos de los "enteros" pueden no ser inmediatamente aparentes y puede que no haya una palabra para expresarlos. Todas las cosas pueden organizarse en yin-yang de alguna manera. Dos fuerzas o energías opuestas pero no agresivas que conforman un todo. Por ejemplo, el día, un todo, está formado por dos opuestos, el día y la noche.

Yi Jing 易经 (yì jīng) - (I Ching o Libro de las Mutaciones) Un oráculo chino de sabiduría. El Yi Jing es un complejo sistema de visión del universo a través de la lente de las interacciones yin-yang. Hay 64 hexagramas que componen el sistema. Cada hexagrama está formado por 6 componentes o niveles, cada uno de los cuales es yin o yang.

www.ingramcontent.com/pod-product-compliance
Lightning Source LLC
Chambersburg PA
CBHW051656040426
42446CB00009B/1158